青年志愿者之歌

散文／诗歌

共青团中央
中国作家协会　主编

语文出版社
·北京·

图书在版编目（CIP）数据

青年志愿者之歌. 散文 诗歌 / 共青团中央，中国作家协会主编. -- 北京 : 语文出版社，2020.12
ISBN 978-7-5187-1161-1

Ⅰ. ①青… Ⅱ. ①共… ②中… Ⅲ. ①散文集－中国－当代②诗－集中国－当代 Ⅳ. ①I217.1

中国版本图书馆CIP数据核字(2020)第237865号

责任编辑 熊晨晨
装帧设计 刘姗姗
出 版 语文出版社
地 址 北京市东城区朝阳门内南小街51号 100010
电子信箱 ywcbsywp@163.com
排 版 河北新华第一印刷有限责任公司
印刷装订 北京市科星印刷有限责任公司
发 行 语文出版社 新华书店经销
规 格 787mm×1092mm
开 本 1/16
印 张 9.75
字 数 135千字
版 次 2020年12月第1版
印 次 2020年12月第1次印刷
印 数 1~1,000
定 价 20.00元

010-65253954(咨询) 010-65251033(购书) 010-65250075(印装质量)

序

面向新时代的志愿文学事业是大有可为的

——“青年志愿者之歌”丛书序

2017年10月，共青团中央和中国作家协会联合发起了主题为“青春志愿行·共筑中国梦”的首届志愿文学征文活动。征文启事在《中国青年报》《文艺报》等纸质媒体和阅文集团等网络平台上甫一发布，应征作品即如春潮泛起，喷涌漫卷，持续不断。在短短的一年多时间里，以广大青年志愿者、青年文学爱好者为主体的投稿者，热情地寄出了3000余份稿件，体裁包括诗歌、散文、小说、报告文学、剧本、日记、书信等，其中不乏长篇小说、大型话剧、长诗等需投注较多心血、进行较复杂艺术劳动的作品。2018年11月23日，志愿文学专题研讨会暨志愿文学征文活动终评会召开，评委们在审读这些优选出来、已印成稿本的作品时，都很兴奋和感慨。兴奋的是志愿文学征文活动有了首批焕发着青春朝气和生活色泽的收获：这是从近些年来全国青年志愿者方兴未艾的志愿活动生活之海上采撷到的跳跃的浪花，它在阳光下反射着生活的、诗意的、感性的光辉，它在月色中呈露着银子一般莹洁温润的波光，让人感到清新、刚健的力的冲击。令人感慨的是，与一般的社会上的观潮者对“文学已在经济大潮冲击下进入退潮期”的普遍估量不同，青年志愿者和青年文学爱好者，怀惴着从事文学创作、追逐文学梦的极大的积极性。这种积极性，一经发现、动员、组织，获得适当的平台、窗口，应和了时代的契机，就会被触动、激发出来，以群体的合力，酝酿成一种文学氛围和文学精神，持续下去，就会慢慢地看到文学的晨曦和未来的曙色。大家都欣喜而自信地感觉到：志愿文学，尤其是青年志愿文学，是向着未来的文学，它是大有希望的！时任共青团中央书记处书记奇巴图在这次终评会上的讲话中提出的“不忘初心，牢记使命，在新时代奋力书写更加璀璨的志愿青春”的号召，既是对志愿文学征文活动的一次总结，也是对广大青年志愿文学关注者、写作者的一次新的召唤。前此的终评，即为新篇的序章。这中间就透露着志愿文学的诞生、发展、繁荣是一个可持续的文学过程的信息。

为了提升已经征集到的优秀志愿文学作品的质量，并将之传播到社会上去，主事者又组织了对这些作品的打磨、润饰、提升工作，并结集出版。对有些较成熟的剧本，还组织了二度创作，在舞台上呈现出来，在观众中产生了较好的反响。这也是2017年12月在成都举行的“志愿文学”论坛上已经达成的共识：志愿文学是对社会负有特殊职责、富于时代使命感的文学。它是广大青年志愿者通过自身审美力的锻炼和使用达到自我提升的一个途径。而真正的文学的创作、美的创作、灵魂的创作，是需要克服困难、不断探索、反复打磨，勇于把作品推向社会，经受读者的检验，得到大众文学生活试炼的！这也是这些作品终于结集出版的缘由。作为曾几次参与志愿文学作品征集、审阅和试评等工作的文学评论工作者，看到这些作品结集成书，我心中的欣悦是难以尽述的。

2013年，习近平总书记给华中农业大学“本禹志愿服务队”回信，肯定他们在服务他人、奉献社会中取得的成绩和进步，勉励他们弘扬志愿精神，为实现中华民族伟大复兴的中国梦做出更大贡献。从那以后，已经在社会上得到一定程度发展的志愿服务活动，提升到一个更加社会化、更重践行性的阶段，更注重精神境界的构建、文化内涵的培育。在志愿服务事业的发展过程中，习近平又多次对志愿活动予以关注，多次给各个领域、各条战线的基层践行者以鼓励，帮助他们总结经验，汇聚共识，渐渐形成有民族特色、国际视野、历史传承和现实观照的新时代中国特色志愿服务文化，也使志愿文学固有的“奉献、友爱、互助、进步”的志愿精神发扬光大。志愿文学也在广泛、多样、富有创造性的践行活动中提升了其精神文化品质。志愿文学的灵魂，更加清扬、丰润、厚实。最近，习近平在教育文化卫生体育领域专家代表座谈会上的讲话中谈到，即将开局的“十四五”时期，“我们要把文化建设放在全局工作的突出位置，切实抓紧抓好”。他指出，“文明是现代化国家的显著标志。要把提高社会文明程度作为建设社会主义文化强国的重大任务，坚持重在建设、以立为本，坚持久久为功、持之以恒，努力推动形成适应新时代要求的思想观念、精神面貌、文明风尚、行为规范”。在对这个文化建设的任务做精细化分析时，习近平又一次谈到志愿文化建设问题，“要深入推进公民道德建设、志愿服务建设、诚信社会建设、网络文明建设，不断提高人民道德水准和文明素养”。这就把志愿服务文化建设的精神性内涵和实践性品格清晰地勾勒出来了。就志愿服务文化的精神层面而言，它属于社会文明、公民道德建设范畴，是构建新时代中国特色社会主义伦理学的重要环节；就其可操作的物质构建层面而言，它的突出特征是以立为本，久久为功，要聚焦老问题和新挑战，拿出建设性的实招硬招，使服务文化建设制度化、风尚化。有的同志提出，志愿服务归根结底是一个实践行为。从“志愿服务建设”的提出和其被放到更加突出的位置来看，这样的看法也是不无道理的。看来，我们培育出来的志愿文学之花，也只有附丽在深植于厚土之中的文化制度的茂盛的乔木枝条上，才会有更加健旺的生机和更加瑰丽的光彩。让我们以坚实的建设者的步履，去扶植培育志愿文学的花树吧，让它迎来更加繁荣滋茂的春天！

最后，我想请大家一起欣赏这次志愿文学征文最早收到的比较好的应征作品之一——麦笛的小诗《昭觉土豆》。这是一首写得像珍珠一样晶莹圆润的小诗，它无意中成了广大在大地母亲怀抱里工作和成长的志愿者的绝妙的自画像：

这里的夜那么黑，那么厚
所以昭觉出产月亮
也出产土豆
大凉山是大土豆
小凉山是小土豆
更小的是
小学校里的阿依木呷

月亮哺育星辰，大路套小路
乌斯河连美姑河
每根藤蔓下都结满了土豆
每个土豆都朴实得让人心疼

嫁接进山来九个月了
志愿者周黎说，自己也变成了土豆
因为在川大读了研究生
所以才叫马铃薯

这是一首感情纯朴、语言凝练的抒情诗。纯净清越的诗的意象里，蕴含了一个叫周黎的志愿者的故事——几乎无事的故事。他到凉山彝族儿女生活的地方去参加支教（也许还兼扶贫）工作。九个月过去了，嫁接进山来的土豆蔓延到大小凉山每一条山川沟谷，每根土豆藤蔓下都结满了土豆，山在感觉中变成了大大小小的土豆。勾勾连连的河流、层层叠套的大路小路，都布满了土豆的踪迹；月亮和星辰看得像了土豆，小学校里那个叫阿依木呷的彝族小朋友也被疼爱成了最小的小土豆，而那个心里满贮着土豆，感觉"每个土豆都朴实得让人心疼"的志愿者周黎，被"嫁接"进了凉山后，因为心的变化，因为情的迁移，更因为爱的投注和牵挂，感觉"自己也变成了土豆"，变成了凉山山区里的土豆——昭觉土豆。于是在一个"那么黑，那么厚"的夜里，诗人浮想联翩，仰望夜空，感到自己变成的土豆飞升了，融入了月亮和星辰，终于在联想与想象中，大月亮浑然成了大土豆，小星星化成了小土豆……告别了这段志愿服务生活，在川大读了研究生的周黎，在诗的联想中猛然醒来，才发觉已经一度融入自己身心的亲昵朴实的土豆之名，它的理性的、确然的学名乃是马铃薯啊。这不无自我调侃意味的一觉，让人想到，昭觉土豆也好，别的什么地方什么作物也好，不过是一种诗的意象，它追求的普遍性，它达到的概括程度，不过是所有的大地之子走向社会、人生起步必经的一种试炼、必答的一份试卷罢了。志愿服务，是有大格局、有民胞物与情怀的志士仁人必上的人生一课！最朴实浑厚、散发着泥土气息的土豆形象，与最清纯莹洁、放射着盈盈清光的月亮倩影叠合在一起，构成了厚重与轻扬并存一体的诗的圆满意象；这是精湛诗艺沉吟推敲的结果，也是濡染于身、浸润于心的一种怀土恋山情愫偶一触发、豁然顿悟的记录。一幅志愿者的自画像就这样出现了，一面清扬挺立的志愿文化精神之旌就这样揭举起来了。于是，我们的志愿文学征文，就收获了它的一颗带着新世纪新时代的独特微光的小星。在稠密的诗的星空里，这颗小星也许微小得不被人觉察，但它还是会被轻轻地记录在广袤无垠的夜空上。

请原谅我用了如许散漫词费的文字，来解释写得如此清淡、如此端凝、如此俭省的一首小诗。我知道这样的解说可能是多余的，但它表达了我对志愿文学、志愿文学创作者的理解和祝愿，也反映出有着广阔未来的志愿文学建设正在切实进行。用它来为这篇写得比较理性、务实的序添加一个美的诗引，这也许会更宜于青年朋友们接受吧。

曾镇南

2020年10月25日—26日

于丹东中联国际酒店

目　录

散　文

诗　歌

散　文

大山深处

吴　朝

1

以前一直有一个梦想：大学毕业后，我就和自己心爱的她，一起到云贵川的大山深处去支教，在那蓝天白云下、青山绿水间的大山深处，为那些贫苦的孩子们送去知识，传递希望，然后粗茶淡饭，平平淡淡地过完这一辈子。然而，时至今日，我却依然没能实现这个美好的梦想。一直以来都还在纠结和无奈着，为残酷的现实生活，为世俗眼光而徘徊着。

可就在今年中秋，我亲眼看见了支教人生活和工作的点点滴滴，这让我彻底地为之震撼和感动！

出发前一天晚上，我就一直在给她做工作，说我一定要去她教书的地方，哪怕只是看看。终于，临睡觉时，她答应了我的要求。于是我们一起收拾好东西，调了五点的闹钟，便各自休息了。可是躺在床上的我，并没有很快睡去，而是反反复复地在回想她前段时间给我说过的那个大山深处的学校：那是位于贵州省铜仁市大山里的一所村小，从一年级到四年级，总共三个老师，五个学生。从学校到铜仁市区，要坐两个多小时车，还要再徒步三个小时。那个村子总共不超过二十户人家，而且五个学生中，有四个的父母都在外地打工，孩子由没有读过书且年迈的爷爷奶奶带着。

教师的生活问题一般都是自行解决。他们每周来学校前从家里买菜带过来，偶尔会有赶着马车来村子卖百货的生意人，有时候也会有好心的村民从家里送过来几块红薯，两棵白菜，几个土豆什么的。没有国旗，没有操场，除了语文课和数学课，别无其他科目。我一直都记得，她曾好几次对我说过，这个地方有个特别诗意的名字——水源头。

而她，就在这个叫作水源头的地方待了整整一年半。

我不能想象，一个弱女子是怎样拎着生活用品，抱着书本，跨越几十公里来到这里；无论严寒酷暑，风霜雨雪，哪怕夜晚孤凄，生活枯燥，她又是怎样日复一日地坚持熬下来的！

想到这些，我越发坚定且迫切地想要明天去看看了。

2

一边想着，脑子里便又开始浮现一些关于学校的场景了：大山，村落，小河，背着书包、手里牵着牛儿的学童……

“我来到你的城市，走过你来时的路，想象着没我的日子，你是怎样的孤独……”早上五点整，熟悉的闹铃音把我从梦中唤醒，我赶紧起了床，出了房门来到客厅，她已经在打水洗脸了，等我洗漱完，我帮她抱着一沓书，就下楼向街道走去……

此时的街道很是空旷，昏黄的路灯下只有几个辛勤的清洁工正挥动着扫帚，开始他们一天的忙碌。

几辆出租车都是一闪而过，根本就不理会我们的招呼。十多分钟过去，我们才终于拦到一辆马上交班的。然而等了十几分钟，接班司机都还没来，眼看着开往学校的班车就要发车了，她着急得恨不能下车走路去车站。我一边安慰她别着急，一边叮嘱交班司机再打电话催催接班的。

六点十分，我们终于赶到了汽车站。旅客们三三两两，都在等待着各自的班车到点发车。我们在车站门口买了几个包子，简单地吃了早餐就上车了。车上只有五六个人，一直等到六点四十发车时，也才不过十来个人——除了我俩，有三个是去往遥山沟途经村子的老师，一个是遥山沟小学的女校长，再有就是司机及那附近村子的几个村民。

听她说，这几个村子的好多老师都是郊县的，他们有时候星期天的下午就提前到铜仁，然后星期一早上乘这辆班车再到学校。我心想，这该是多么偏僻的地方啊！

不知不觉中，车已驶出郊区，来到了通往和平乡的村路上。一路上转转弯弯，弯弯转转，甚至不过十来米就是一个大转弯，如果是两辆相向而行的大车，根本就没办法通过。有一段路特别颠，颠得我屁股都有些坐不住。

我坐在靠窗的位置，她指着窗外的河说："这条河叫清江，这水就是从水源头流下来的，流到这儿已经不清了，水源头的水那才叫一个清呢！"听得出来，她一点儿也没有被这颠簸的路而影响，更没有被这大山深处的艰苦所吓怕，我反而感觉她特别喜欢这个地方，甚至觉得她对这里有一种特别的亲切感。

车子走到一个村子停了下来，我还以为终于到了，原来是几个村民要下车。车子继续往前行进，我的心也随着车子的颠簸而颠簸起来，山越来越多，路越来越不好走，差不多开了半小时才又瞧见一个村子。终于一个大拐弯过去，眼前的一幕让我有些欣喜：这里有集会！"是到了镇子上了吧？"我问道。

"还要再经过一个村，这里叫德胜屯，是个村子。因为这几个村子离镇上比较远，所以大家就每逢周一在这里赶场（赶场就是赶集）。"

"哦……原来这样啊！"我不禁一声感叹。

车子被堵了十分钟之后，又开始继续前进了。

下一个村子到了，下车的地方是个小学，几个老师在这里下了车。望着窗外崭新的三层教学楼，我有些被震撼到了："新楼啊！"她说："这里就是巴村小学，去年一起在水源头的一个老师这学期就调来这儿啦！你看，旁边正在盖学生公寓呢，那大梁上还绾着大红绸花呢！"

迎面开来一辆车，司机让我们下车换乘那辆，此时的车上就剩下我俩和女校长了。等我们换乘好，车在旁边的空地调了头，就又向着遥山沟进发了！

3

遥山沟——朝思暮想的遥山沟啊——我来看你了！

车子载着我们这仅有的三名乘客，继续颠簸着。窗外的山快速地倒退着，小江也倒退着，稻田里早已有稻农下地劳作了，岸边的几头大水牛正在慢悠悠地踱来踱去，反刍着清早下肚的饲草……

终于，终于，车慢了下来，我看到了遥山沟的模样，就在小江的对岸。一户户屋舍的烟囱荡悠悠地飘出一缕缕炊烟，旋绕在不大的村子上空。我看到了三三两两的学童，挎着或背着书包，正走在通往学校的那条小路上。遥山沟的校舍就在小江畔的台阶上，那旗杆上的五星红旗正在向我招手致意！

遥山沟啊遥山沟，我来了，我终于来看你了！

车停了，停在了河边的三岔路口，我们拎了包，抱着书下了车。大概百米之外，就是那个叫遥山沟的小村子了！

村子沿河呈弧形分布了几十户人家，河岸边上长满了柳树，远处的山，一座高过一座，各具姿态地矗立在这个小山村的周围，好像几位巨大的山神，威严地守护着这一方水土，这一方古朴的村落。

当我跟随着她们跨过小江上的那座小石桥，走在通往村小的路上时，好几位乡亲远远地就和她们两个打招呼了：

“陈校长，黄老师，你们来好早哟！吃早饭没得？”

她们和乡亲们寒暄一阵，便领着我向她们的宿舍走去。沿着一条石板小路一直向里走去，上一个石条铺砌的台阶，便到了她们的宿舍。这里是一块高地平台，平台上盖了三间房子，从被雨水冲刷的痕迹看来，这几间房舍已经有些年代了。之前就听她说过，这里原是遥山沟村的村委会，因为村小人少，这村委会后来就干脆做了她们学校女教师的宿舍了。

校长开了宿舍门，我帮她把书和包拿了进去。进去一看我才发现，这原是一个套间，外间没住人，她和校长，还有另外一个女老师都住在里间。我没有进到里间，放下了东西便退出门外，等着她收拾完带我去学校看看。

站在院子的平台上，我看到了几乎整个村子的全貌：房子参差不齐地沿着河边排布着，有些甚至延伸到了半山腰上，有木房子，还有土坯房，也有数得清的几家砖混房，木房子居多，好多家的门板和木楼栏杆早已褪了漆色，只露出原木被雨水洗刷后的青黑色；几乎家家门口都有几棵柚子树，这时节正是柚子的渐熟期，黄澄澄的，一片连着一片，好不诱人！

小江弯弯转转地流着，稻田里金灿灿一片，又快到一年收割季了；河里几只鸭子呱呱呱地叫着，几只大白鹅踱着八字步跟着几只老母鸡在田边觅食；远处的路上，有几个小学生正蹦蹦跳跳地，哼着听不清也听不懂的方言儿歌，向着学校这边走来。

如此静谧和谐的小村，不由得让我想起陶渊明的“桃花源”来！

小村不仅不因偏僻贫穷而显得没有生气，反而让我从乡亲们那一张张笑脸上看到了满足，甚至安逸；从经过的那一个个孩子的眼睛里，看到了他们对知识的渴望和对美好未来的向往。

我多想，多想就这么住下来，哪怕只是小住几天也好，好让我能亲近小江和大山，亲近乡亲们和孩子们，亲近遥山沟的一切！

“你看，柚子又快熟咯！”

“嗯，我现在都想摘一个呢！”

“你收拾好了？”

“嗯！”

“啥子时候带我去你们学校？”我学着当地的方言问道。

“走嘛走嘛！”她笑着说。

我跟着她下了台阶，顺着一条掩映在竹林下的小径向学校走去……

4

顺着小径一直走去，差不多百十米，便来到了学校。

面前的学校让我一下子惊住了！

一座两层砖混的小楼房，一间和农家厨房无二的简易厨房，一间一隔为二的厕所，这就是整个学校所有的“大型建筑”！

没有耀眼的瓷砖地砖，没有不锈钢的扶手护栏，没有升旗台，没有可以移动的乒乓球桌，没有塑胶跑道，教室的外墙上甚至连一张贴纸标语都没有。教室内没有风扇，更没有空调，没有室内小广播，更没有多媒体投影仪，没有一块平展的墙壁，更没有防尘黑板。没有会议室，没有休息室，甚至老师连一间属于自己的办公室都没有，没有盥洗室，没有热水供应处，甚至整个学校连围墙都没有！

遥山沟小学，有的只是这栋建于20世纪80年代初的小教学楼，院角上那一方捐款纪念碑就是最好的证明；有的只是抹着粗糙的砂浆的砖砌楼梯扶手；有的只是红锈斑斑的旗杆，飘着一面已经有些丝絮的五星红旗；有的只是一张底座用红砖砌筑、上边架一块预制板、用半截砖块儿当作球网的乒乓球案；有的只是荒草萋萋、散落一地鸡屎鸭粪、半边乱石一堆的操场；有的只是长满了野草野花的空旷小院；有的只是一个篮板的挡板掉了两块的篮球架；有的只是用大白粉刷了一层、已经有些脱落的外墙墙面；有的只是一块水泥墙体上用黑漆刷了一层的黑板墙；有的只是窄小的教室和凹凸不平的地面和讲台；有的只是用纸板挡着的窗户；有的只是几张没有上漆，古老又坑洼的长条桌；有的只是一只已经有些扁瘪的铝制大喇叭架在楼角；有的只是一间稍比教室大些的办公室；有的只是只有三个孤零零的水龙头的水泥台；有的只是这三十来个学生，九名老师！

这就是我朝思暮想的遥山沟小学，这就是让我禁不住泪水模糊眼眶的遥山沟小学，这就是我的她一周中有五天都要生活和工作在这里的遥山沟小学！

我被眼前的一切震撼了，彻彻底底地震撼了！

“你咋个咯？”站在一旁的她有些惊讶地问我。

“我……我……我没咋。”我吞吞吐吐地回答。

“老师好！”“黄老师早上好！”一大一小两个小孩儿从我们身旁经过。

大一点儿的那个女孩穿着粉色的上衣，黑绒裤腿上还绣着一朵漂亮的牡丹花。另一个小一点儿的男孩，六七岁的样子，脚上趿拉着一双运动鞋——鞋带明显是从另外的鞋子上换下来的。他头发有些枯黄，乱糟糟一团，像个鸟窝一般架在小脑袋上。两个孩子的书包拉链都坏掉了，装在里面的书都有些冒了出来！

“黄老师，吃早饭咯！”站在食堂门口的校长微笑着对我们喊道。

“来咯！来咯！走，吃早饭咯，是你最喜欢的面条。”

“噢……”我长长地应了一声，就跟着她向食堂方向走去。

5

当我随着她跨进食堂的时候，其他几位老师都已经围在灶台前开始捞面了。做饭阿姨见我们俩来了，赶忙洗涮碗筷递到她手里，她帮我捞了一大碗，给自己捞了一小碗。

面是买的细挂面。桌子上放着一碟葱花，一小盆肥肉臊子——油汪汪的，看着有些发腻。旁边摆着些盐巴、味精和醋，还有一碗油泼辣子。

大家都低着头吃着，没有一个人说话，更别提什么抱怨了。我环顾一圈，加上我和做饭阿姨，也才十一个人——三个年轻女老师，四个年轻男老师，另外有两个老师年龄都是在五十岁上下。

在车上时，她对我说过，这个女校长在遥山沟待了五六年了，现在怀孕三四个月了，还没有休假。另外一个女老师和她是这学期才从别的学校调过来的。一个姓杨的老师从十八岁开始教书那年就一直在这儿，到今年已经整整三十年了！

这该是怎样一个团队呢？是什么原因让他们能如此坚守？

吃完饭的时候，校长说："明天教师节，到村子里买只鸡改善改善生活！"大家笑了笑，没看出来他们有什么特别的反应，甚至连一句简单的回应都不曾有。

此时的孩子们一个个还在院子里、楼道里、教室门口追逐着玩耍，他们都是吃过早饭才来的，十点开始早读，十点半开始上课，现在的时间是九点刚过。

我径直走到一间教室门口，走到那头发像一团鸟窝的男孩子跟前，他正在从背后的书包里往外掏书。

"同学，你几岁啦？读几年级啦？"我抚摸着他的头。

"老师，我十岁，上四年级。"他把书包抡到了胸前，问道，"老师，你是我们的新老师吗？教我们画画和音乐吗？"

"你喜欢画画和唱歌是吗？只要你们乖，老师什么课都教给你们。"我也不知道为什么就回答上这么一句。

"老师，老师，我最乖，我把今天的课文都预习咯！"一个小一点儿的女孩有点儿害羞地说。

"好！好！好好！老师都教给你们！"我紧张得手心有些出汗。

"同学们，进教室打扫卫生，准备早读咯！"她笑着走了过来。

"老师，老师，我们教室门还没有开。"那个裤腿上绣着牡丹花的小女孩对着走过来的女老师说。

“帅哥，帮我把这锁子撬开！”女老师把一把榔头递到我手中。

我三下五除二就撬开了那个大黑锁，同学们陆陆续续都回了各自的教室。

我跟着她上了二楼，穿过正在扫地、洒水的楼道，来到了他们办公室。

说是办公室，其实也就是两间打通了的教室而已。一张小桌子上放着一个小型的打印机，还有一台扩放器，另外几张大桌子拼凑在一起，就是他们所有人的办公桌了。有点儿简陋的办公室，桌子上、桌子后边的凳子上满满的都是书，桌子上还有几份报纸，还是八月份的《铜仁日报》，我拿起来随意地翻阅着，而她，已经坐在旁边开始备课了。过了差不多半小时，她备完了课，带着我下楼到了她带的两个班的教室。

孩子们已经开始早读了，有说普通话的，有说铜仁话的，还有说普通话夹杂着铜仁话的，偌大的学校里，一时间都是琅琅的读书声。

我心里莫名地一阵感动和难过！

她带的是一年级和四年级，一年级五个孩子，四年级三个孩子。一年级的孩子里最大的八岁，最小的六岁。我从包里掏出一瓶口香糖，分发给每一个孩子，最小的那个男孩硬是不要，旁边大一点儿的那个孩子就笑：“老师，他不会吃。”我诧异得说不出话来。

她告诉我，刚开学那会儿，她也给孩子们吃过，那个小男孩因为不知道要吐出来，直接就给吞了。也就是那一次，孩子们告诉她，那是他们第一次吃口香糖！

我心里猛地一揪：现在的孩子，还有没吃过口香糖的！

此时的窗外，已经飘洒起了蒙蒙的细雨，孩子们的读书声穿过这沙沙的雨声，响彻了整个校园……

6

雨，越下越大，以至于院子里的坑洼处都积满了水，孩子们似乎都早已习惯了这多雨的天气，全然没有在意教室外的雨雾，只一味地沉浸在自己读书的世界里。

这时，从小径那边走过来两个人，是一个老奶奶手里牵着一个孩子，一看便知道这是祖孙俩。两个人各自戴着一顶稻草编的大圆斗笠，老奶奶一边走一边还对孩子说着什么。

等到他们来到教室门口，我才看清他们：老奶奶七十来岁，人很瘦削，皱纹在皮包骨头的脸上显得更加明显，让人自然地联想到核桃的外壳；小孩子六七岁，一双小脚上穿着一双打着补丁的大雨鞋——显然这不是小孩儿的雨鞋，因为他每走一步都是像鸭子一般地挪动。

老奶奶把她和小孙子头上的大斗笠摘了下来，靠在教室的墙边。

“黄老师，我把这小崽子给你送来了，又给你添麻烦。”她边说边俯下身子系了系自己脚上那双男式黄球鞋的鞋带。

“没得哈，来了就好。快进教室读书去！”她对那祖孙俩说。

“这娃儿他爸离了两次婚，现在找了第三个老婆，跑到外面去了。”老奶奶好像在对我们诉说，“教室里那个大的是他第一个老婆的娃儿，比这个大两岁，这个是第二个老婆的娃儿。”

我望了一眼四年级教室里那个正在写字的孩子。

“娃儿他爸不要他们了，不知道到哪儿去了，就把这俩崽子扔给我了。我不想管啊，可是又不能不管啊！”

我本想说点儿什么，但被老奶奶的话惊得一个字都吐不出来。

“黄老师去年在水源头还好些，离得近。今年下来了，每天我还得送。”老奶奶说完，又对教室里的孙子说，“听黄老师话，不要打架！”

说着，她把靠在墙边的斗笠戴在头上，转身走了。我望着佝偻着身子的老奶奶的背影，心里禁不住一阵泛酸。

她对我说，这三十几个孩子，大多都是留守儿童，父母常年都在外面打工，只留孩子和爷爷奶奶一起生活。有的一年还回来几次，有的甚至几年才回来一次，还有的干脆挣了钱就把孩子接到他们打工的地方去了。说到这里，她给我讲了一个故事。

前几天早晨上课前检查作业时，一个孩子的作业没有完成，她就问那孩子为什么没有完成。那孩子就哭着说，他住在遥山沟外婆家，前一天晚上，他在外间屋子写作业，外婆在里间看电视，外婆看见他开着电灯，出来就把灯给关掉了，还说开灯写作业就是偷懒。

我没明白，为什么孩子写作业就不给用电，她却可以看电视？难道是因为多一盏灯就多浪费电多出电费吗？还是外婆不想让他太贪玩，想让他趁天黑前就完成作业？我不知道这其中的真正原因，但愿是后一种猜想吧！

丁零零……丁零零……上课的铃声响了，老师们一个个都站在了教室门口，我跟着她，走进了四年级的那间教室……

7

四年级的教室比其他教室都小，差不多只有其他教室的一半大，布置得却是最漂亮的。

刚进门的后墙上有个小小的宣传栏，展示的有学生作业、考试成绩、画作、照片、有老师评分和评语的作文，有的作文还贴着几颗小五角星。宣传栏用两指宽的红条纸围了一个标准的长方形，最顶端用毛笔写着“学习园地”四个大字，几个字写得刚劲有力，俊秀又不失大气，听她说这字就出自那位在这里已经执教了差不多三十年的杨老师之手。

教室中间摆着三张长条桌和三条长条凳，每条凳上坐着一名学生。学生们的面前，就是一张长条讲桌，讲桌上摆放着两盒不同颜色的粉笔，旁边一块黑板擦，还有一块抹布，除了这些，别无其他。用黑漆在水泥墙上刷的黑板，因为时间长了的缘故吧，早已泛白成黑白花色，我使劲擦了好几遍也没能擦出一块完整的黑色来，好在旁边挂着一块三合板的小黑板。她对我笑了笑，就翻开书开始上课了。我静静地坐在一个小男孩旁边听着。

“同学们，昨天那篇课文《火烧云》都背过了没有？”她声音有些温柔，但是很有力。

“背过了！”“我昨天下午就背过咯。”三个孩子回答道。

“好，先把书翻开自己读几遍，就开始检查。”

孩子们翻开书，用很不标准的普通话读了起来。

“谁先来？”

“老师，我。”那个小女孩举手说。

“这地方的火烧云变化极多，一会儿红彤彤的，一会儿金灿灿的，一会儿半紫半黄，一会儿半灰半百合色……”

小女孩背得很流利，只是好几处发音不准，比如把“狮子”发成“四子”的音，把“漂亮”读成“漂酿”。

她耐心地一一纠正，完了还不忘夸奖一番，另外两个小男孩和我，还一起鼓掌表示奖励。

背诵完是听写字词，我建议让孩子们做个互动，三个孩子都很积极地举手，一个上台写，另外两个检查，检查有错误就立马上去纠正。她说她还从来没见过他们像今天这样踊跃。

当她开始讲今天的课文《长城》时，孩子们一个个都特别认真地听着，时不时地记着笔记，在课本的空白处写着注释，有时还举手提问。

我赶紧掏出手机搜索了一组长城的图片，让孩子们都过来围观。

“老师，你去过长城啊？”

“老师，长城有多长啊？”

“老师，等我长大了，我也要去长城，还要带上奶奶一起去。”

那一双双渴望的眼睛，那一副副羡慕的表情，那一句句稚嫩的话语，让我禁不住眼窝一热。

丁零零……丁零零……

短短四十分钟的一节课结束了，我却还久久地沉浸在孩子们最后那几句话中……

8

下课了，孩子们欢呼雀跃地出了教室，此时雨已经下得很小了。有几个孩子迫不及待地跑到了院子中间，互相追逐着，嬉耍着。

学校对面的公路上，因为下了雨的缘故吧，此时空无一人。甚至因了这雨，整个村子都显得有些安静了，狗不吠，鸭也不叫，连人的影子都很少看到。远处的山峦是沉默的，路旁的柳树是沉默的，除了那条小江还在哗哗地唱着歌，就只有这一方小天地里，还到处洋溢着欢声和笑语了。

课间休息二十分钟，她领我去食堂看了看阿姨正在为他们准备的“丰盛”的午餐：一大盆水煮白菜，一大盆烧土豆，还有一小盆油炸小黄鱼。

白菜和土豆是从做饭阿姨家买的，至于这一小盆的小黄鱼，则是那个又高又大的体育老师早上冒着雨去河里抓回来的。

“你看，还有螃蟹！”她指着房子角落里的一个小塑料桶对我说。

这就是他们的午餐！一顿“丰盛”的午餐！

我一下子陷入沉思：改善生活难道就像那位女校长所说的仅仅是逢节买一只鸡？难道就是自己动手去河里抓点儿小鱼小虾小螃蟹回来？难道可能一个星期就只能吃到一顿或者两顿肉？

我不敢相信这是真的，可是眼前的一切不得不让我相信这绝对不是在做梦！

好的是这顿“丰盛”的午餐对孩子们是免费供应的，而老师要在每学期刚一开学，按每人每天七块钱的标准交纳生活费。

一个学期，整整四个月，一百二十天，八百四十块钱！

八百四十块钱，不足以买两条好烟，不够买一盒稍微好一点儿的化妆品，不足以买一条名牌的裤子或是一双名牌的鞋，甚至都远远不够有些人两个月的电话费，可偏偏是他们整整四个月，一百二十天的生活费！

“现在比起以前，不知道要好过多少倍呢！以前的路是石子路，一下雨全都是泥巴，雨季的时候只能徒步上来，差不多要走三个多小时，有时候路被冲垮了冲断了，就只能给孩子们放假。现在都是水泥路了，还通了公交，就再也不用担心孩子们把功课给落下咯！”她知足地看着我说。

因为下午我必须赶着回到工地参加一个培训会，所以下一节课我不能再陪着孩子们一起上了。我一边在教室外面望着对面的公路等车来，一边掏出手机看了看时间。

两个满手泥巴的小孩儿跑到我的面前，看到我手里的包，似乎看出了我要走。

“老师，你是去八村那边开会吗？”

“老师，你要去和平吗？能帮我带一支自动铅笔吗？给，老师，这是钱。”那个头发像鸟窝一样的男孩不顾手上的泥巴，从裤兜里掏出一张皱巴巴的五毛钱来。

我接过钱，又给他装回了兜里，帮他系好了那条带着泥巴的鞋带：“老师去开会，一会儿就回来，你们要好好听黄老师的话……”

两个孩子很认真地点了点头。

我掏出兜里的湿巾给他们擦了擦手，那个穿黑绒裤子的小女孩把我手里的湿巾接了过去，我以为她要帮我扔到垃圾箱里，可是，让我无法想象的一幕发生了！

她捧过那一团已经有泥巴的湿巾，放到鼻子跟前嗅了嗅：“老师，你这个毛巾还有水，好香好香！”

我终于没能忍住的泪水，在脸上肆意开来……

“老师老师，快看！车来了！”

此时上课的预备铃声已经响起，孩子们一个个都没有回到自己的教室，一双双眼睛都盯着我看，一张张稚嫩的脸庞上都挂着灿烂的笑容。

“快走吧，我就不送你了，马上上课了。到了记得给我打个电话。”她说。

“嗯，到了给你打电话。”

我拎着包，一步一退地望着这群孩子……

我一直退到了河对岸，孩子们还在教室门口望着我。

“吴老师，你要回来看我们啊！”

“吴老师，你要回来看我们啊！”

我的眼泪，又一次不争气地泛滥开来……

浣　心

——下村见闻之断章

邹世凤

“狼烟和烽火，分别用于什么时候呢？”

古代文学老师的问题一出 ，讲台下的同学慌忙藏好手机，皱着眉问同桌：“老师是要抽人起来回答这个问题吗？”同桌茫然地望了望周围的人：“我不知道啊！”这样的气氛有点儿静谧，连手机锁屏的声音都可以听见。

“想好了吗？”老师笑着看向我们。

此话一出，同学们的脸上都露出惊慌的神色，有的赶快拿出手机搜索答案，但也有对自己的答案很自信的同学，站起来对这个问题发表了自己的见解：“我觉得应该根据战事的规模、情况缓急等来确定什么时候用狼烟，什么时候用烽火。”没有站起来的同学也在下面窃窃私语，说应该根据什么什么来确定，理由也很充分。老师笑了一下：“最简单的答案，你们怎么没有想到呢？”

记忆回到从前。

深谷沟壑勾勒出的逶迤羊肠，泥水最爱生长，一月份的天气是沉闷的，也是难以捉摸的，隆冬的余温尚存，学堂里的书声也还可以听到。

村里的教室是石头和树木的港口，国旗是一根骨节分明的竹子，簌簌寒风下，扬起的旗卷走了房顶上的雨，两层楼的教室滋养着三代人的心。一楼是三年级以下的同学，二楼住着年纪稍大的同学，他们都是附近农户的孩子，父母只在年终回家过年，年后又得远去他乡务工，爷爷奶奶便是他们最近的守护者。

昏暗的教室里挤满了瘦得变了形的老方桌，也许是被冬日的温度灼伤了肌肤，有的裂了缝，孩子手中的笔能轻而易举地溜过缝隙，在空中扑腾几下，然后跑到地上打几个滚儿，等待着红肿的小手把自己拾起，握在掌心。一张桌，两个人。一个人，三代梦。

昨夜下过一场雨，松了硬硬凉凉的黄泥地，就如承载历史的书卷散在了风里。滑溜溜的路，让人一个趔趄就会拥入黄泥的怀里。雨靴上沾满的稀泥，星星点点，落在走廊里，谱写出一篇缺了词的曲，向春日桃李讲述了一个秘密。教室里的孩子其实是银河里的星星，他们的眼里长着我们看不见的风景，他们的手最会温暖人心，那是键盘前的人听不懂的曲。

第一次走进这样的教室，第一次面对这么多小孩儿，紧张占据着我的大脑，在迈进教室之前，我用“精神胜利法”让自己放松。为避免打扰他们，我轻轻地推开门，可木门丝毫不给我面子，还是发出了刺耳的“吱吱”声。他们的眼神逆着风、迎着光落在了我身上，我抬起头冲他们笑，他们很怕生，没了往日的轻松，羞涩地低下了头。我提高了自己的音量，做了一个简短的自我介绍，然后把名字写在了黑板上。

我们的第一堂课，学生很听话，但也隐藏了往日的积极。

第二堂课开始了，没有多媒体点睛的课堂，他们拿出了百分百的真心。为了照顾我的嗓音，他们连翻书的动作都小心翼翼的。我提出的问题，他们总能以身边的事物来解题，每个字都弥漫着大自然的气息。我特别爱听他们柔柔的风吹落叶一般的声音，他们的那句“老师好”至今都是停驻在我心口最绚烂的风景。

再冷的天，太阳也会出现。

风雨吹落了画笔，孩子们的手也快握不住掌心的秘密，太阳终于赶在春节之前，点亮了村里的土地。阳光正好，清风不闹，绿荫环绕的操场上，一群小孩儿在嬉闹，阳光懒懒地烤着每一寸枝叶，影子在地上变作一幅朦胧的水波图。这样的景象是一首没有离别基调的散文诗，我是朗读这首诗的人，时光是这首诗的创作者，他们是诗里的景。

阳光在放学的铃声敲响后谢了幕，一曲曲音色各异的儿童歌曲散在了流动的时光里。日子开始倒数，我喜欢看他们的眼睛，每次下课后，我就在教室里等待下节课的铃声响起。

我不记得具体是哪一天了，在我上完课时，一个皮肤黑黑的女孩扯了扯我的衣袖，问我是不是要走了。我不敢看她的眼睛，理了理她的衣领，摸了摸她的头发，笑着说："我不会走，你要好好上课，就算我走了，过不了多久又会回来的。"我知道，我撒了谎。

我还记得，最后一堂课，我问了他们一个问题："你们知道狼烟和烽火，分别用于什么时候吗？"

他们不知道我为什么问这个问题，也不知道"狼烟""烽火"是什么意思，但他们还是认真地想了一下，说："狼烟是烟吗？那它肯定是用在白天的，晚上那么黑，脚下的路都看不清，怎么会看到烟呢？烽火应该和我们家里做饭时升起的火一样，那它就可以用在晚上，晚上火那么亮，谁都可以看见。"我不知道怎样形容我听到他们答案时的心情，总之，那些话是他们纯洁心灵的印记，他们没有那么多复杂的想法，有的只是世界最初的颜色。

孩子们，你们知道吗？你们的回答是我们从未想过的，也是再也想不到的。我们的自以为是，让我们的眼睛褪了色，看到的世界，缺了一种最美的颜色。

临走时，我没有说告别的话，课堂还是和往常一样，充满笑语。因为，我知道，眼泪不是我们故事最后的结局，我只希望来年桃李开花、荷叶接天时，你们又长高了一截儿。我愿你们的眸子里永远住着星星，你们的心里一直停驻着最纯真的风景，银河的存在也只为装饰你们的梦境。

春雨潇潇

—— 一位中学教师的拾荒岁月

刘丽娜

何春雨何许人也

弄明白一个人，不是一件容易的事儿。

这就像稀奇古怪的谜面，10个人大约会猜出10个谜底。

比如，你去找他，七扭八转地拐进一条红砖铺就的偏僻胡同，在一排陈旧的老楼前往来徘徊而不得其门时，一个半大小子瞧见你，问道："找谁？""何春雨。""何春雨？""嗯，就是那个被评为'2017年十大正能量人物''黑龙江省模范教师''绥化道德模范工作者''绥化十大杰出青年'的何春雨。""什么？"一阵惊愕后，他抬眼扫视了一下这幢破旧的楼房，一脸的不屑与肯定，告诉你："你找错地方了，这里压根儿没有这路人。"

如果你问扛着丝袋子、穿得油脂麻花捡拾垃圾的拾荒者，就是另一番景象了，他们会说："何春雨？就是那个矮矮胖胖、一路过垃圾箱眼睛就掉进去的那个人吗？哼，垃圾箱已经被他看住了，好东西都被他捡走了！"如此说来，何春雨岂不是个捡破烂儿不择手段的小人吗？

别急，看，这位慈眉善目的阿姨是这里的老住户了，对何春雨可谓知之甚深：“你们是问小何吗？那可是个憨厚热心肠的好孩子，帮我扛过米袋子、煤气罐，还给我买过感冒药呢！”

假如遇到路边玩耍的孩童，他们的回答更让你瞠目结舌：“何春雨叔叔？是那个跟我们一起玩斗蛐蛐儿、水枪大战的何叔叔吗？”

如果遇见上下学的学生，他们的回答总算让你找到了要找的东西：“何春雨老师？我们的班主任、语文老师，他能把不喜欢语文的学生给教得爱上语文，何老师厉害！”这个“厉害”是指教学本领高强。

在何春雨工作的灵山中学，一位老师中肯地评价道：“何老师他是一个不允许班级里有一个学生辍学的老师，他经常自己掏腰包解决贫困生辍学问题，他是个好老师。”

当我见到何春雨时，他正在办公室批改作文，认真专注，红笔在学生蓝色的笔迹间圈圈点点。在我想来，批改作文无非是那些常用的套话，什么文字工整、段落清晰、语言流畅等，但走到近前仔细一看：小样儿的，瞧你写的，真好，咋想出来的？鸡蛋里挑骨头，就是须规正标点符号……这真是独树一帜的作文批改。

说明来意，面善敦厚的何春雨很高兴我为他写报告文学，但转而他有所顾虑地强调道：“你写我一定要本着实事求是的原则，有什么就写什么，千万不要夸张。”

我听了不免肃然起敬。这就是旁人和我眼中的何春雨，他到底有着什么样的故事，让他一个普普通通的乡中学教师成为社会各界包括媒体备受关注的人物？

这不是意气用事，这是深思熟虑

1998年8月，何春雨大学毕业，此时，他面临着艰难的抉择！

他多次徘徊在通往外面的世界的村口，多次伫立在自家的田间地头发呆，甚至跑到灵山中学的校园里抚摸着那口大铁钟，爱不释手……

他大学毕业本来可以顺理成章地留在城里工作，那里环境待遇都不错，这曾经是他学生时期的梦想。那时的乡下孩子都梦想成为城里人，这一天，他终于可以梦想成真了。

可是，灵山中学——他初中时的母校，有位老校长听说他毕业了，去他家里探望，语重心长地说道："咱们学校又培养出一个大学生来！"要知道，在九十年代，那个大学生毕业都是靠国家分配的年代，大学生还不多，尤其乡下学校，出个大学生不容易。

接着老校长感慨道："咱们学校现在青黄不接啊，有教学经验的老教师年龄都太大了，好几个到了退休的年龄，新分配来的教师都是高中毕业生，没有经验，咱们学校缺人才啊！就缺像你这样的大学生！"

何春雨听了，心里酸酸的，很不是滋味，他为之一动：既然家乡缺他这样的人才，他为何不选择留下来呢！

他被自己这个想法吓了一跳，那时别说大学生了，就连高中生都奔城里找工作，都想跳出农门，好不容易通过读书能留在城里，谁还愿意回到偏远贫困连工资都拖欠的乡中学，那样，就意味着一辈子陷在这里。想得再远些，意味着后代也跟着受罪。

有了想回母校工作的想法以后，这个意念就挥之不去了。如果选择了城里工作，各方面都好，只是他的良心会不安，饮水思源的道理他懂，"谁言寸草心，报得三春晖"，他更懂。老校长朴实的衣着、为难的表情让他想留下来的心蠢蠢欲动。

决心留下来源于一场大雨！

何去何从，举棋不定。何春雨没事儿就爱往乡中学跑，一大早，学生们还没有来，他就早早地到校，碰到哪个勤快来得早的老师，跟他们聊聊天。这天，本来天就阴沉沉的，不曾想雷电交加，下起了瓢泼大雨。

站在窗前，他看到一个个打着伞、穿着雨靴、在泥泞的土道上艰难前进的学生，想起了自己读初中时雨天的情景。

那时，他家住的地方离乡上还很远，骑自行车要近四十分钟才能到学校。家里穷买不起雨衣，雨天他只能披着麻袋来上学。

披着麻袋，可想而知，到了学校浑身湿透，衣服都滴着水。没有干爽的衣服换，他只能穿一天，最后衣服愣是被身体烘干。夏天还好说，深秋每逢雨天，他就冻得瑟瑟发抖。老校长知道后，把自己的雨衣送给了他。

九十年代，乡中学门前还是土路，望着那一个个幼小的身影在泥泞中跋涉，他心里五味杂陈，只有他留下来，那些学生才能走出去。

他想起一个故事。一只雏鹰落到了一群鸡中，长大后它再也不愿意离开那个温暖舒适的小窝。一位老人把鹰带到一处最陡峭的悬崖边，像扔一块石头一样把鹰抛向悬崖下的深涧。下坠的鹰马上要触地而死，就在这时，它张开双翅托住了下坠的身体，滑翔、冲高，融入蔚蓝的天空……

给了自己一个悬崖，也许就是给了自己一片蔚蓝的天空。

亲戚邻居知道了何春雨要到乡中学教书后，感动之余不禁提醒他："孩子，你可别后悔啊，不要意气用事，在这地方一旦扎根，就是一辈子！"

何春雨坚定地说："留下来，我决不是意气用事，我是深思熟虑。"

就这样，他明明可以有更好的选择，却毅然地留下来，支援乡村学校。

意气风发，跟孩子们一起出发的孩子王

留下来的何春雨成了一个十足的孩子王，快乐的孩子王。

对他所热爱的教育岗位，他发自肺腑地说：青春是美丽的，一个人的青春可以平庸无奇，也可以放出美丽的火花；可以因虚度而懊悔，也可以用结结实实的步子，走向辉煌壮丽的成年。这就是他作为一个教师的青春格言。正是在这条格言的指引下，他一路走来，身后留下的是一串串坚实的脚印，写满了勤奋、谦逊、严谨、求实……

他一上班便全身心投入其中，乐此不疲。

他成为灵山中学来得最早走得最晚的教师。他虽然是大学生，却不以大学生自居，每天到校先深入班级，之后再到办公室给同事们烧开水，把每个办公桌擦拭一遍。这是他每天例行的工作。

冬日的乡村气候格外寒冷，读大学的几年住惯了楼房的他已经有了心理准备，他不怕苦；乡村里没有自来水，只有一个商品匮乏的食杂店，他也不怕。

但当好久没有烧过炉子的他怎么也点不着班里的铁炉子，眼望着学生冻得拿不出手来写字的时候，他急得眼泪差点儿落下来。他咬咬牙，想到他的同事几十年如一日呕心沥血献身教育，便暗自鼓劲道：既然环境无法改变，就让它来磨砺自我，你们能行，我也行。

几经实践，他终于点燃了火炉，也点燃了心中的希望。

“三人行，必有我师焉。”从上班的第一天起，他就告诫自己，不可自大，要虚心向每一位教师学习。旁枝末节的小问题，他都要留心观察，勤奋学习，从中吸取经验教训；课余时间他还和老师们共同交流教学心得，从中学到很多有效的教学方法和技巧。

他对职业的选择无怨无悔，所以倾注了满腔热忱。

1999年9月，学校组织国庆演出。何春雨作为班主任，特别重视学校的活动，他利用周末把孩子们带回家排练，他们在他家的小院子里练习唱歌跳舞，甚至把他家园子里的葡萄统统吃光，他也不发脾气，因为他爱他们。

有一次，他不小心扭伤了脚，到医院里简单开了点儿药，然后不听医生劝说，忍着疼痛一瘸一拐地进了教室，学生们禁不住鼓起掌来。看着学生，他抑制住满腔的激动，又开始了新的一课——就这样，他硬是忍着疼痛上好每一节课，课余依旧带领学生到他的家里练节目。

从教以来，他把对学生的爱默默地倾注在了日常的工作中。学生病了，他主动带去医院就诊。对于那些失去家庭温暖的学生，他则给予更多的关心和照顾。

记得那是一个深秋的雨天，他发现班里的王勇同学发高烧，就赶紧扶王勇到办公室休息，并端来一杯热水给他暖暖身子。一放学，他就打车把王勇带到医院就诊，然后送他回家——像这样的事，他认为极平常，连他自己都忘记了，可学生们都终生难忘，所以学生们也爱他。

爱是教育永恒的主题，爱是教育成功的金钥匙。凭着这颗爱心，他在班主任这个岗位上慢慢成长起来，逐渐成了一名以科研为先导的转型班主任；凭着这颗爱心，一个个内容丰富、形式多样的班级活动层出不穷；凭着这颗爱心，学生们如一棵棵稚嫩的幼苗茁壮成长，他们素质高，能力强，具有创新自主的精神、合作竞争的意识。

在教育现代化工程不断深入人心的今天，在教育改革正成为一股不可阻挡的历史潮流的今天，他深知，唯有改革开拓，勇于创新，才是教育事业取之不尽、用之不竭的“源头活水”。

他刻苦钻研业务，及时把握教育动态，更新观念，积极进行教育改革。在教学过程中，他注意到学生作文水平过低，写作文困难，甚至写不出作文的问题。

他查找资料，翻阅书籍，向名师请教，甚至到绥化教育学院进修……终于功夫不负有心人，2000年，他在灵山中学首推“快速作文法”。

经过一年的实验教学，他成功了，基本解决了学生写作文难的问题。学校积极推广他的方法，他多次出校级公开课、观摩课，把灵山中学的语文教学推向了一个新的台阶。

因此，他多次被评为县级“优秀教师”。2005年，他被任命为学校团委书记。一上任，他就集思广益，勇于创新，推出了如“快乐大本营”“快乐迎奥运”等一系列活动，让学生在娱乐中得到教育。

他对教师职业的热爱，使他迅速成为学校的骨干。十多年来，他一直工作在教育教学的最前线，他的课既充实又活泼，他也凭借幽默诙谐的讲课风格博得了学生的爱戴。

2008年开始，他又负责党建工作，在“学习实践科学发展观”活动中，他集思广益，敢于创新，协助书记把活动开展好，让科学发展观深入人心，并运用到教育教学实践中，及时总结经验形成材料并推广。在创建“五型”党支部、开展“创先争优”活动中，他积极配合党支部把工作做到位，真抓实干，重实效，深得上级部门赏识。他多次被评为县级“优秀共产党员”。

困境中的坚守与逆袭

就算何春雨的家庭困难，但也不至于落魄得业余时间成了一个地道的拾荒者！这简直有点儿匪夷所思！

说到这里，还真得提及一下何春雨的家庭境况。

他刚参加工作那几年，学校工资低，还拖欠工资，有时一拖就是三两个月，最长时拖欠半年。他父母年事已高，已经丧失了劳动力，而且体弱多病，买药对于他的家庭来说是一笔很大的开销。

妻子没有工作，考虑到孩子还小，只能在家照顾孩子和老人。全家的经济重担落到他一人身上。有的同事放弃了教师这个职业，下海经商去了。不管别人怎么样，他丝毫没有动摇干好教师这个行业的决心，咬紧牙关挺着。没有什么比热爱更能让人坚定信念，在无望中也不放弃，在清贫中依然坚守，在困境中体现了一份坚韧和从容。

为了补贴家用，渡过难关，他每天下班以后到工地去筛河流石。要知道，他虽是农民的儿子，却是个读书人，没干过体力活。筛河流石没有力气干不了，一天下来他全身没有不疼的地方，但他硬是撑了下来，而且找到干活的窍门，比那些力工筛得要快要好。再看看他的手，不仅磨出泡，还磨出血，他手缠着绷带坚持干活，每每月亮升起老高他才回家。回到家中，他已累得像一摊泥，倒头就睡。

何春雨的生命里有一股子韧劲，也有一股子不服输的倔强，他不相信山穷水尽，他相信绝处逢生，相信艰难困苦只是一时的，总会熬过去。他有头脑，勤劳，没有理由贫困下去。

当别人跟他说让他认命的时候，他说，他不认命，他认干。筛河流石算什么，到了周末放假，他去蹬三轮车，跟那些力工一样扛沙子扛水泥。如果说动一动都会出一身汗的盛夏蹬三轮儿是个遭罪的活儿的话，那么寒冬腊月就更遭罪了。

记得那年腊八，何春雨给一个生资商店拉鞭炮烟花，此时，对于经常扛沙子水泥的他来说，搬运一箱一箱的鞭炮烟花属于小菜一碟，但将码得满满的、高高的、跟小山似的货物运送到五公里之外，就不是一件轻松愉快的事情了。

那天正赶上暴风雪，气温骤降，何春雨把一箱箱的鞭炮烟花从库房搬运到三轮车上之后，已经出了汗，他甩掉棉帽子，在风雪弥漫中艰难地蹬着。如果顺风的话还好，偏偏顶着风，那可是黑龙江最冷的时候，俗话说冻掉下巴的天气。

路还是高低不平的土路，坐着蹬车已经用不上力气，他只有站在车镫子上艰难地用尽浑身力气蹬着，每前进一步都让他感觉到无数颗汗珠从胸前滚落。身上热乎耳朵却冻得失去知觉，起初还能感受到冰冷的风像利刃一般从耳旁嗖嗖地划过，久了耳朵就冻得失去知觉。是的，每前进一步都无比艰难，就是空车顶风冒雪行进都成问题，何况拉着小山一样的货物呢！

更要命的是，那小山一样的货物扛不住高岗下坡的颠簸，瞬间倾倒，一箱一箱的鞭炮摔了下去。鞭炮箱子摔坏了，里面的货物有一部分包装受损。鞭炮最怕坏掉包装，那样就得半价销售。

何春雨很无奈。他说，那个时刻，真是叫天天不应，叫地地不灵。那是怎样一种焦灼和沮丧，现在想来都让他瞬间满眼泪水。

收拾好散落一地的乱摊子之后，不管多无奈还要继续前行。到达目的地的他，胸前已经被汗水濡湿一片，接下来又是彻骨的冰凉和寒冷。

那天雇用他的老板一看到损坏包装的鞭炮，顿时火冒三丈，好在没有让何春雨赔钱，他也没有要工钱，权当是一次挑战生命极限的体验。

他就像那只被抛下山涧的雏鹰，命运没有使他坠入谷底，却给了他一双可以翱翔于蓝天的翅膀。

他就是这样一个人，不屈不挠以苦为乐，情绪低落只是一时，他马上就会恢复情绪，快乐起来，投入到他乐此不疲的教学事业当中。

直到2004年，他家生活才算有所保障，不再担忧缺吃少穿了，这期间他丝毫没有动摇过对教育的热爱。

灵山中学居然出来一个“破烂儿王”

捡破烂儿，何春雨可是有经验的。

别小看拾荒者，随着人们生活水平的提高，人们淘汰的东西越来越多，而且越来越好，很多东西都是能用的，大到电视机，小到矿泉水瓶。反正在旁人看来垃圾箱里都是垃圾，在何春雨看来，总会有让他眼前为之一亮的东西！

他说：“如果做一个好的拾荒者，卖废品的钱一点儿都不比筛河流石和蹬三轮车少，只多不少，而且不那么累，脏是脏了点儿，想想心中的目标，脏算得了什么。”

他没有告诉我们，他心中的目标是什么。

随着生活条件的改善，何春雨跟其他教师一样，也在县城购置了楼房，每天坐通勤车上下班。

在望奎县城，拾荒者还真不少，只是平时人们不注意而已，但何春雨注意到了，他也摸索到了规律，要想捡拾到好东西不仅要起早贪黑，还要掌握人们倒垃圾的时间。

不管冬夏，他四点钟起床，沿街到各个垃圾箱里“寻宝”。比他更早的还有三点钟、三点半起床捡拾的人们，那些都是专业的拾荒者，而对于他这个业余拾荒者来说，四点钟起床足够他满载而归。

废弃的纸箱、易拉罐、塑料瓶子……哪怕是一根铁丝，那也是宝贝，积攒到一起就能卖几十块钱。

他现在说起来比较坦然，最初萌生捡拾的想法并付诸行动的时候，也不是那么顺利的。这要从学校说起。

一个偶然的机会，让何春雨眼前一亮，他发现学校垃圾点有很多矿泉水瓶、饮料瓶、废纸等废品，这些完全可以收集起来变成钱！

于是，他开始利用业余时间捡废品。刚开始捡时他也不好意思，怕别人看见，起早贪黑趁没人时捡，捡废品时也总是回头，像做贼似的，一旦真的有人来了，就马上低头装作没看见。这样偷偷摸摸地捡，一学期下来，废品卖了180多元钱，这是他没有想到的。

学校的垃圾点紧挨着厕所，三伏天苍蝇成群，直往脸上撞，不能张嘴，一张嘴苍蝇就会乘虚而入，他仍然拎着袋子满头大汗捡着；三九天他依然拎着袋子捡，废品埋在雪里，他就用手扒着找，手冻得木了，脸冻得通红，他也不在意，一定要把整个垃圾点找个遍，生怕落下一个饮料瓶。

最初妻子总问："你的衣服怎么脏得这么快，还总刮出口子，你干啥了？"他只是笑着回答："不小心弄的，不好意思，让你受累了。"

后来妻子知道了他捡破烂儿的事情，他说明原因，善解人意的妻子不但没有反对他，还很支持他，特意给他准备了捡拾垃圾的制服，还为他找来钩子、手套、口罩、帽子等装备。有了家里人的支持，外人说什么风凉话，他也就不在意了。

同事们戏称他为"破烂儿王"。也有不理解他的人，说他给老师丢脸，整天捡破烂儿，还为人师表呢！面对这些压力，他毫不在意，因为他心里明白，捡破烂儿换来的钱他没有花一分，家里人也没有花一分，那么无论严寒还是酷暑，何春雨不辞辛苦，不怕脏累，数年如一日地捡着，他到底为了谁呢？

甘为人梯的拾荒岁月

在刚参加工作的七年教育生涯中，何春雨虽然生活很苦，但时时刻刻都勤勉地工作，不敢有丝毫的懈怠，生怕愧对家乡的父老乡亲。

他曾不止一次接触到因为家庭贫困而辍学的孩子。他虽然也曾伸出援助之手，但是最终还是看到他们那样无奈地离开校园，他不禁黯然泪下，因为没有谁比他更能明白辍学的无奈和无助。

他出生于贫苦的农民家庭，兄弟姐妹七个，全家靠几亩薄田度日，像不少同龄的贫苦孩子一样，苦涩艰难在他的记忆中打上了深深的烙印。

当年黯淡不堪的生活，就像一部灰暗的黑白电影，缺少温情和明快的色彩，回想起这些，他哽咽了！他忘不了由于家庭贫困，四个姐姐没念完初中就相继辍学回家务农的无奈；忘不了读高中时家里拿不出钱，父母愁得彻夜难眠的情景；忘不了弟弟妹妹恋恋不舍地离开校园时的泪水和父母无助的神情……

这些触动他敏感神经的苦涩记忆，直抵心灵最柔软的地方，他经历过，所以知道其间的难处，他不舍得他的学生跟他的家人有一样的经历！

同时，也正是这苦难的生活，让他体会到了人世间浓浓的真情。温暖的一幕幕也跟着浮现眼前：小时候乡邻们送给他的衣服，周成山老师给他买的本子，上大学时亲戚朋友对他的无私帮助……正是这些好心人，为他点燃了希望之火，让他义无反顾地踏上了求学之路，磕磕绊绊地圆了大学梦。

生活的困苦和求学的艰辛养成了他刚毅、勤劳、诚实、善良、乐于助人的性格。看到班里有因贫困面临辍学的孩子，他发誓一定要尽最大努力帮助贫困学生，让他们完成学业。

2005年春，一些学生因为家庭贫困面临失学，他看在眼里，痛在心上，怎么办？自己一个人微薄的工资支撑一大家子人的生活都艰难，实在是没办法把更多的钱拿出来帮助这些孩子，可是又怎能眼睁睁地看着这些孩子失学，失去美好的前途与理想?

他太了解贫困学生的难处了，他更知道这些贫困学生是多么渴望在他们最需要帮助的时候，能有人伸手拉他们一把，能说句话安慰他们、鼓励他们。

当初的誓言又怎能改变？一定会有办法的。他曾经不止一次天真地幻想，如果能买张彩票一下中500万，那能帮助多少无奈的贫困学生啊！正在他为怎么帮助贫困学生发愁的时候，他发现捡矿泉水瓶子、易拉罐、废纸也能卖钱，把这笔钱用来资助失学的孩子们，也许是一个好办法。

一学期下来，何春雨卖废品赚了180多元钱，他向校长提出捐给贫困生的想法，校长大力支持他，并通过班主任推选出了第一批贫困生。

当他给贫困生发放捐助物资时，全体师生都明白他捡废品是为了什么了。王晓婷同学代表贫困生发言，孩子真情懂事的话语，让他流下了激动的泪水，他心里暖暖的。

有了领导的支持和第一批受捐助学生的笑脸，他的干劲更足了，一有空闲他就提着袋子，到垃圾点捡。这十年里，他资助的学生有300多人，累计捐款10000多元。贫困学生受他鼓舞，对未来都充满了希望，都变得更加刻苦。

宋丹丹同学家里贫困，弟弟也要念书，母亲身患重病，全家只靠父亲种地。她几次想辍学，何春雨知道后，耐心开导她，鼓励她，资助她，使她顺利考上高中。读高中期间，家里实在承担不起费用，宋丹丹几次想不念书了，打工供弟弟。她把这种想法告诉何春雨，何春雨又对她进行了一番劝说，并用自身经历开导她，使她重新振作起来，以优异的成绩考上了本科院校。

陈思宇同学父母离异，父亲在外打工，他和爷爷相依为命，生活非常艰辛，几度辍学。得知情况后，何春雨耐心地做他的思想工作，讲自己的亲身经历，通过几次开导和经济资助，陈思宇思想有了彻底的转变，他扔下思想负担，学习成绩也直线上升，现在成绩全校第八名。陈思宇深有感触地说："没有何老师我可能早就不念了，我一定好好学习，将来要当像何老师一样的老师。"

多年的生活和工作实践让他深深认识到：一个在温室里长大的人，常常想的是向这个社会不断地索取，未必能感恩社会，成为对社会有益的人；而一个在不幸和苦难中浸大的灵魂，却常常能富有爱心，用实际行动默默地为社会送温暖、献爱心。

爱如春雨，润物无声

何春雨是一个质朴的人，他的事迹悄无声息地传播着。2008年4月，望奎电视台记者周希玲得知此事，对他进行采访，并在县电视台播出他的故事，引起了社会广泛的关注，受过资助的学生的家长更是感激不尽。

接着，很多记者相继来采访，并在《绥化日报》、绥化电视台报道他的事迹。采访过程中，大家都被他的精神所感动。

2008年10月，黑龙江电视台《新闻夜航》栏目得知此事后，对他进行采访，并在都市频道播出，一时间他的事迹家喻户晓。紧接着，黑龙江电视台知名记者刚子也被他的事迹感动，对他进行了一次专访，于2009年元旦，在黑龙江卫视《新闻夜航》节目中播出，并推荐他为2008年"感动龙江十大人物"候选人。2009年正月初八，"感动龙江十大人物"展播中播出了他的事迹。2009年3月18日，绥化交通广播又请他做客直播间。

何春雨今年44岁，是一名从教18年的农村初中教师。他18年如一日，坚守在教学第一线上。他起早贪黑拾荒助学，用爱心挽救了几十名濒临辍学的贫困生。他身体力行，在平凡中彰显着伟大，在"孩子王"和"破烂儿王"的角色中进行着转换，他的真心付出也收获了累累的硕果。

2009年以来，他先后被评为"全省优秀教师""黑龙江省中小学师德先进个人""全省模范教师""绥化市十大杰出青年志愿者"，被县委、县政府、县教育局评为“关心下一代工作先进个人”“优秀共产党员”“十佳师德师风先进个人”“优秀党务工作者”“感动望奎人物”，2017年，被阿里巴巴评为“十大正能量人物”“绥化道德模范”。

尽管他的事迹家喻户晓，但何春雨孜孜求索的脚步却没有停歇，他的爱心正快速地向远方传播着，他的事迹感动着越来越多的人。

2009年，望奎县教育局在全县教育系统开展向何春雨学习的活动，并全面开展“爱心阳光温暖救助活动”，共捐款17万多元，捐助贫困生880多人。

2011年6月，因为何春雨，黑龙江电视台《故事天下》栏目组和黑龙江玛利亚医院联合推出的大型公益活动“新希望体育计划”为灵山中学捐赠了上万元的体育器材，解决了学校多年缺少体育器材的问题。

继2012年被评为首届“感动望奎人物”之后，2013年，何春雨又被推举为“感动中国人物”候选人，事迹在央视教育频道播出。

2014年，何春雨了解到梁佳欣同学家境贫寒，自卑的性格使这个孩子有轻度抑郁症倾向。孩子父母在外地打工，已经几年没回来了，爷爷奶奶年事已高，又没文化，无法帮助她，她是典型的留守学生。他就多次家访，给这个孩子讲励志故事，做思想工作。在何春雨的鼓励下，梁佳欣现在性格开朗起来了，学习刻苦了，也有了人生追求。中央人民广播电台黑龙江记者站记者乔仁慧了解到这种情况，伸出爱的双手，每学期资助她500元，一年来已经资助了1200元，其中有200元是2015年春节让孩子买衣服的钱。乔仁慧承诺一直资助梁佳欣到大学毕业，梁佳欣现在没有后顾之忧，学习更加刻苦，成绩始终是全校第一。还有关思文同学，父亲残疾，靠做点儿小买卖维持生计，母亲种地。2014年，何老师一共帮助这样的贫困学生十几名，捐助资金两千多元。

何春雨教学成绩更是响当当。2014年，他所教的毕业班升入县一中14人，其中一人取得了全县第三的好成绩。

回到初一的教学岗位，何春雨又在考虑如何解决学生缺少名著阅读书籍的问题。记者乔仁慧知道后，热心地买了几十本文学名著，爱心资助了第一个“仁慧爱心书柜”，问题迎刃而解。现在，学生读书积极性特别高，他们的行为，对学生成长有着不可估量的影响。

这学期名著阅读活动卓有成效，每个学生都阅读了几十本书，大大提高了文学素养。并且，还带动着灵山乡小学团委书记于艳超为小学生购买了文学名著，小学生也有了自己的“艳超爱心书柜”。这样，学生从小学到初中都有书读，课余生活丰富了，阅读能力也提高了。

现如今，全县的师生都以各种力所能及的方式，奉献自己的劳动，奉献自己的爱心，一股温暖贫困学子的春风正荡漾在望奎大地的每一个角落，一场滋润贫困学子的春雨，正浸润着每一个渴望美好未来的孩子的心灵。

有人说何春雨了不起，他却说：“了不起的不是我，而是教师这个职业。”有人说他很高尚，他却说：“高尚的也不是我，而是我们这个社会上每个有爱心的善良的人。”也有人说他出名了，可他认为这只是尽了一名教师应尽的职责，他深深感到自己做得还远远不够。

当他面对贫困生灿烂的笑容，听到贫困生拿着录取通知书对自己说“老师，您辛苦了”的时候，无限的欣慰就会涌上心头，这时的他体会到了自己人生的价值和真正的幸福。

还有什么理由吝惜自己的力气呢？还有什么理由不继续奉献呢？正是何春雨这种勤奋工作甘于奉献的劲头，才把贫困生心中的希望之火重新点燃。

不积跬步，无以至千里；不积小流，无以成江海。何春雨就是这样一位质朴的老师，他没有做惊天动地的大事，但正是积点滴的小爱聚成大爱，才在望奎县灵山中学为贫困学生擎起一片天空。

爱如春雨，润物无声。何春雨是一个业余的拾荒者，却是一个专业的拓荒者。一片爱心，一缕阳光，一点儿奉献，一份希望，他用自己的实际行动，带动更多的人，把温暖和爱，奉献给需要的人。

他工作着，他快乐着，他用满腔热血诠释着“教师”这个职业，他用实际行动践行着“共产党员”这个光荣称号。

何春雨，就像他的名字一样，随风潜入夜，润物细无声。

铁河书

叶　平

我捡回一些石头

铁河是一个地名，深隐于秦岭南坡的崇山峻岭里，距县城有百余里路程。

在铁河，不经意就真实地置身于陶渊明笔下的桃花源。随便走进一个青瓦白墙的院子，那里阳光静好，花开正艳，鸟叫正欢。门前视野开阔，一帘青山，一弯小河，屋后竹林茂密，松涛柏浪，峰青岭翠。身边蝴蝶曼舞，小鸟合鸣，空气中弥漫着淡淡的清香……

然而，去铁河只是游山玩水未免有些奢侈和矫情，看看山水深处的人间烟火才更为重要和迫切。

因为被单位安排去铁河村扶贫，我有机会深度接触了那里的山水和人群，而且是常来常往，少则住几天，多则住数月。在铁河，除了完成相关的工作任务，许多时候我会独步于河边和山道上，和遇见的所有事物对话交流。

我能清晰地描绘出那里的四时景色和人家，也会见门而入，逢人必问，与他们说日子里的家长里短。许多人会识出我，甚至喊我一声“叶老师”。我知道今生与那里的人和水土情缘难了。他们知道我是作家，希望我写的文章与铁河有关，最好能带给他们一些好的信息。这使我有些压力，但内心也想向他们证明一个作家能为这里做点儿什么。

我每次从铁河回来，都要带几块石头，如今已经放了一堆。不是铁河的石头含有金银，而是要提醒自己——你该给铁河回送点儿什么！与铁河结缘后，我感到生命里有了些许硬度，不是因为铁河的水土含铁较重，而是从水一样流动在低处的生活体验中，我确认了许多曾经模糊的人生感悟：源头总在荒僻高寒的地方；没有脚抵达不了的山峰；没有比山水更美的景物；没有比劳动更踏实的人生；没有什么能挡住水的去路……

事实上，铁河是傥水河的源头，傥水河又是汉江的支流。铁河的水即便汇入长江，也一定带着铁河的气息。如同一个人不管走得多远，人生多么灿烂，总是忘不了故乡，也丢不掉乡音。

在铁河，时刻会感到山之大，人之小，不敢有任何轻浮和张狂。“寄蜉蝣于天地，渺沧海之一粟”，苏轼说得真好！如果谁感到比群山更高大，一定不明白自己生活在空间和时间之内，无知者无畏。明白渺小而向往强大，需要无限的内心力量；明白万物速朽而接近不朽，需要迷人的人格魅力。我知道，所有这一切都要在与山讲和并融为一体的过程中去获得。苏轼的这点感悟，就是在一路遭贬、一路南行中获得的。

我甚至偏执地认为，不在铁河停留十天半月的人，是没有资格谈论铁河的，想书写铁河就更难了。我预感到自己的笔锋也只能扎进铁河的肌肉而不是血管，尽管后者是我渴望达成的目标。

这里真安静

面对层层叠叠的群山，游人们感叹最多的一句话是——这里真安静！

铁河的安静已经到了空寂的程度。四野皆空，唯有心在飞翔着。

空闲时，我去河对岸的树林里散步、纳凉或读书，感觉在与一些有缘的古人同行，听那些不朽的圣贤坐而论道。

我似乎弄不清一些常识性概念，惶惑之时，仿佛会听到有高人在释疑解惑，那声音从江水中浮出，氤氲四野，细若游丝，又异常清晰。比如衡量社会道德的标准主要看是否公平正义，还是官员的品行和知识分子的操守？回答是“看伪善是否盛行”。再问：汉民族的思维方式是什么？回答是“中庸之道”。又问：代表一个民族持久生命力的是经济还是政治？回答是“文明”……

我甚至会对一些常用词感到陌生。比如“人文”。答曰：“‘人文’就是伦理道德，就是人情，就是人气，就是人事。就是关心人、爱护人、尊重人、怜悯人。就是知道互助，敢说真话，不落井下石，不违背良心。”我体会这些话中的关键词是“真”。我们对“假”深恶痛绝，口诛笔伐。“假”一旦渗透我们的生活，会像肿瘤一样扩大膨胀。可是当许多人把假话说得慷慨激昂，把假事做得习以为常时，说真话、做真人又该多难！那么，做不到真人，做个厚道人，做个有良知、有体温的人总可以吧。还有“情怀”。回答是人至少要抱有四大情怀：“第一是人文情怀，让自己的心灵质朴与纯粹；第二是专业情怀，学会严谨专注；第三是商人情怀，养成务实的习惯；最后是哲人情怀，成为一个有思想的人。”再是“体察”。“体察”是天下读书人必需的修行，要带着生命体温去体察——体察引车卖浆者的艰辛；体察鳏寡孤独废疾者的诉求；体察与无常不幸遭遇碰个正着的滋味；体察口渴不见泉、过河难遇桥的无奈；体察“屋漏偏逢连夜雨”的感受；体察“人面不知何处去，桃花依旧笑春风”的惆怅；体察倚门望归、牵肠挂肚的母亲们的愁绪；体察山高水长的奇妙；体察杜鹃啼血的苍凉；体察鱼死网破的惨烈；体察兔死狐悲的凄苦，体察“天下熙熙，皆为利来，天下攘攘，皆为利往”的生动；体察“花无百日红”“身正影不斜”的玄机；体察“水能载舟，亦能覆舟”的深刻；体察德行天下、诚信为王的永恒……

一个以“作家”身份安身立命的人，我感觉在铁河断断续续的半年，胜过在城里十年的收获——就情感和心灵的深度和广度而言。至少，今后的写作不会像气球似的飘起来，知道了怎么扎下根去。

沿山溪而行

在铁河的日子，我几乎每天早晚都去东沟和西沟散步，一走十几里，风雨无阻。两条山溪随山势汹涌澎湃地奔跑着，岸边的水泥公路不宽，但很清洁，走在上面是一种享受。路两边的草木偶尔会迎合一下，又不会挡住去路——它们是看我形单影只走得寂寞，才不时要俏皮地抚摸一下我的发梢。我和它们握手的瞬间，心里就很温暖。沿途的动物都认识我，鸟给我唱歌，狗给我摆尾巴，牛深情地望着我……

那时，山谷空寂，一切静好，只有河水和山林发出亘古如斯的响声。很少遇见车和行人，但我知道，周围的一切都充满生命的活力。比如，那满山遍野的厚柏树，静静地长着，等待着七八年一次的脱皮蜕变，以回报山野的恩情，顺便接济一下栽培人。它们始终笑着，或青绿，或洁白，迎接着每个走进山里的客人。许多时候，它们多彩的表演遇不到欣赏的目光，但它们原本就不求那些目光，它们的表演是给天空大地看的。

春去秋来，我在东沟和西沟两条沿河公路上独行了至少有几百个来回了，拉直来丈量，少说也该有上千公里，也就是从北京到上海的距离。那又怎样，在高铁时代，只不过几个小时罢了，除了风的影子，见不到什么风景。我和山水河流像过了半辈子日子的老夫老妻，彼此对望，没有任何新鲜感。实在太寂寞无聊的时候，我会对着一株野菊花傻笑，问它怎么如此薄情寡义，昨晚梦中还互吐心声，今天就不认识我了。陶翁应该也有过这样犯痴的时候吧！只是世人已经把他推向了神坛，剔除了他作为人的本心本意。抬头再看那些山水，我感到很羞愧，在铁河，是不该有这些书生气的多愁善感的。

此时，有母亲在忧愁三十多岁的儿子何时能娶到媳妇；一位瘫痪大妈坐在轮椅上晒太阳；山洼土坯房里的中风老人在等着老伴回来做饭；桥头上一个女人在接儿子催要学费的电话；住在沟口的留守老人望着路上的汽车在发愣；街头的哑巴望着白云在痴笑……

这些年年岁岁重复的场景，使我感到自己有时比他们还弱小，有时又无比强大；使我的心偶尔柔软，又偶尔坚硬。

我把这些情景拍下来发到朋友圈，当然包括铁河的森林、竹海、溪流。细心的朋友从照片上看出了我在铁河的寂寞和郁闷，实话实说：“那是个很美的地方，但不能待得太久。”我看后一笑，无言以对。再说下去会伤害这里山水和人的情感。

他们问我在铁河有什么收获，我说找到了自己的初心，正如纪伯伦所说，“不要因为走得太远而忘记为什么出发”。人生就是一段长长的旅行，我们出发了，走远了……等回首遥望的时候，起点已经模糊不清了，那当初出发时心中的理想、愿望、目标或者信念，我们还记得吗？我喜欢这里的山溪，它清澈、纯净，虽然纤细，但充满激情，从不左顾右盼、迷失方向。它从深山远野而来，在花草树木的根须间汇集成流，跨谷越涧，从荆棘丛林、杂草乱石间顽强地淌过，昼夜兼程，终成欢畅之势。它永远是那么从容自信，不知疲倦又宁静寂寞地向目标奔去，留一路笑容，洒一路歌声。它在粉碎中新生，在默泣中高歌，带着草木的气息和源头的重托，高扬着信念的旗帜，一直向低处流去，最终成为江河大海的一部分。山溪是不会忘记当初为什么出发的。

我把山溪的意象分享给朋友们，赢得许多点赞。但我知道朋友大多只是在维持友情，真正理解山溪并将人生融入其中的没有几人，那是要与山溪热恋后才会得到的奖赏。

路上的情景

早晨七八点钟，在溪边公路上行走，往往遇不到一个人。

后来有一段日子，每天早晨在东沟会遇到三个人——一对中年夫妻，推着植物人女儿。他们和我碰面时，会苦涩地一笑，我向他们做个加油的手势，目送他们转过山弯。遇到雨天，他们紧凑成一团的背影，总让我心里一阵发酸。

我知道这是一个不幸的家庭。女儿在县城读初三，一天早晨，天刚麻麻亮，她在去学校的路上被一辆大货车挂倒，拖行数米后司机逃逸，至今没有破案。女孩头部严重受损，成了植物人。医院无能为力，她只能回到家中静养，每天被父母推到四公里外的老街上，那里有一个按摩医生，他有信心创造奇迹。治疗方法只有两个：一是鼓励女孩心里要有“站起来，报答父母大爱大恩”的坚强信念；再是通过穴位按摩、红豆袋热敷，驱逐体寒，修复血液循环系统。

他们的家在溪水对岸，那段路虽然窄小崎岖，但也只有不长的几步，过了小桥就上了公路。许多时候，他们一路上和女儿一样，不说一句话，只是默默地走，溪流和鸟鸣陪伴着三颗冰凉又火热的心。这样的行走似乎看不到尽头，如同转了许多个山弯，没有新的风景，但他们心里依然闪烁着期待奇迹的光焰。

按摩完回家已是中午，女孩目送父亲上山去干活，看着母亲重复着那些微小烦琐的事情，嘴唇嚅动着想说什么却说不出来，偶尔说出一句半句，只有母亲听得懂。母亲知道女儿心里的孤独，不时和女儿说着话，不管她是否有反应，就那么自言自语又极尽柔情地重复着。不幸的女孩，遇到了最疼爱她的父母，所谓的骨肉情缘大抵就是这样。这种日子不知还要持续多久，从他们眼里闪烁的坚毅的光亮里看得出来，他们有足够的信心创造爱的奇迹。

每天傍晚，走到大西沟和小西沟的交叉口，那位孤寡老人就会在两条山溪的交汇处等着我。从家门口到溪边五十多米，这是她的生活半径。

两水交汇处有一个深潭，里面游着一群鱼儿，山高水寒长不太大。人迹罕至的地方，鱼儿也羞涩，脚步一再放轻才会看到它们的芳容。

老人其实不该孤单，只是养了五个儿女，都去远方打工了，后来相继在外成家，日子过得都很紧巴，有的几年也不回家看看，事实上是遗弃了山里的家和母亲。

第一次见面她给我说了吃水的事：山上有一股泉水，被上游一家拦住了，他们怕不够吃，不允许给她家接水管，村干部出面协调也没结果，总说让她再等等。大半年过去了，她还是吃着河里的水。上游没污染，河水也很清，几代人都吃过来了，没有任何问题。只是她年龄大了，下雨时河水发浑，路滑她也提不动。她好像早忘了这件事，现在她最害怕的事我懂得——不定哪天早晨起不来时，没有人知道……

我和她聊了一会儿，天色渐渐暗下来，就对她说："你早点儿回去休息吧！"她说："夜长瞌睡少，醒来后脑袋里尽是河水声，光阴难打发啊！"

我原路返回。在转弯处，迎面驶来一辆奔驰小车，我忙把身体贴近山体，尽量让出更宽的路来。车突然停下，几个时尚的城里人向我微笑。我懂得那笑是发自内心的，善与爱是可以彼此感染的。他们问我："前面有宿营的地方吗？""有啊！"我边说边指给他们看，"瞧！前边那座白色的青瓦房，里面住着一位老大娘，旁边有一片空地，柴方水便，是露宿的好地方。"他们笑着去了。我想，大娘今晚不会孤单了。

天黑得很快，仿佛是在一个瞬间。太阳落山不久，铁河就像一块抛出的石头，很快坠落于黑暗的深井。

走到桥头，古街的灯光依旧热情地迎接我，这使我的愧疚有增无减——"百无一用是书生"，古人的话说得真好，我到底能为铁河做点儿什么？唉！我这个只会读书的人！

与陶翁相遇

面对铁河这样美好的山水，没有人不赞美。然而，如果是一个像陶渊明一样痴情山水的人，要把自己的人生安顿在这里，该要多大的毅力呢？

上古之世，悠邈难求，世外桃源，哪里可寻？在铁河，“世外桃源”似的去处不难寻觅，但必须要问一声自己的内心：长期厮守，可能持否？

我对陶渊明的景仰是无以复加的。尽管农人似的苦作苦累并不是陶渊明生活的日常，他的劳动无非是力所能及的一种体验，重要的是一种情感的融入，一种信念的磨炼，然而，仅是历尽繁华后回归田园的心理磨砺就非庸常之辈所能承受。可怕的是漫长无涯的时间，那分分秒秒不可省略的时间。宁静的田园、诗意的山水、纯朴的农人很快就让人失去了新鲜感，接下来是安顿脆弱的肉体，与无常的生命和冷漠的时空讲和。花年年在开，还是那些颜色；草年年在长，还是那么葱茏；树叶年年在落，还是那么宁静；大雁南来北去，捎不来任何喜悲。人却在一年年衰老，心劲在一天天消耗，前面的目标早已看到，不会有奇迹出现。所有这些都难以与人言说，甚至没有人听得懂，只能与自然交流，只能把这些生命密码收藏在诗句里。然而，即使是陶渊明，也不能一直与草木、飞鸟、虫鱼、云雾交流下去，就那么多季节、植物、动物、飞瀑流泉、庄稼农事、风物民俗，年复一年、月复一月、日复一日地循环往复，如钝刀杀人，再没有奇迹出现。无喜则是忧，沉浸于一首好诗中的欣慰毕竟转瞬即逝，更多的是陷入吟不出更好诗句和身不由己、欲吟还休的痛苦中。这个过程中，五味杂陈的细节一点儿都不能省略，怎一个“苦”字了得！所谓“时势造英雄”，陶翁若生活在当下，或者干脆就生活在铁河，又将会是什么情形？

我知道，这依然是“陶翁迷”才有的书生意气。这世上有些话不能问到底，有些事不能去设想。可是，我又无法说服自己，独自一人走在铁河的山谷溪边，和花花草草对话时，总感觉陶翁就在不远的地方躬身采菊……

无论如何，有一点我非常确定——铁河是欢迎陶翁的，当然也包括如我一样陶翁的铁杆粉丝。

该怎么去写铁河

铁河老街很短，不过上百米，住着上百户人家，大家早晚都会碰面。乡亲们干完活回家，有时见我独自站在街边发呆，会悄悄地走过去。也有的乡亲会和我打招呼，如果正赶上我闷闷不乐，他们的笑容会使我突然换了心情，感到有什么东西要赶快记录下来。

我在铁河一直记着日记。

我明白自己写不出铁河的魂魄和神韵，尽管我想用十多万的篇幅写包括铁河在内的大山深处的风物和人群，但依然感到不够。其实，只需要两首诗就足够了，作者必须是李白和杜甫。前者写铁河的容貌，后者写铁河的灵魂。这两首浪漫和现实主义的名诗，一定会流芳千古。遗憾，这个美好的愿望只是南柯一梦。

作为凡夫俗子，我只能用更多的文字去书写铁河，但因为是用真心真情去写，心里总是踏实的，也会经得起良心的叩问。

我还明白，铁河不需要太多抒情文字，它更需要与泥土、山林有关的细节，其中的秘密，只有山溪、竹木、蜜蜂们会告诉我们。此时，我写铁河的笔一直在颤抖——我不想随意触摸它伤痕累累和疲惫不堪的肌体，以免它感到疼痛。索性从朋友圈发送的照片中，选择一些即兴描述，与久别重逢的铁河打个招呼。

一位80多岁的老人，在地里锄苞谷，腰弯成月牙状。

路边庄稼地里，一个蓬首垢面的哑巴汉子在劳动。

一条沟里长满了茂密的竹子，阳光像碎银似的洒在地上。

沟尽头，两间小屋，住着一位老人，长年与自己的影子和山石明月为伴，虽不说鹤发童颜，但看上去也一脸祥和淡定。

一位长年住在县城的中年妇女，专程回家剥厚柏皮，她眉目清秀，戴着白色太阳帽，正从山上往公路上拉砍倒的树。

场院里，几个汉子在厚柏皮切割机前作业。

山坡上一户人家的院子里晒满金黄的竹笋。

街头，一位白发老人背着满竹篓的土豆。

父母用轮椅推着植物人女儿去街上做每天一次的理疗。

山崖下，放着一排蜜蜂箱。

新建的河堤在阳光下很醒目。

暑假时，学生们和陪读的家长都回来了。村委会的大场上月色山影，露天舞会正在举行。

从上海回来的打工妹，穿着白色超短裙，染着黄头发，陪母亲在河边散步。

一对穿着入时的恋人，在地里摘豆角，老父亲在一边憨笑着。

从北京回家度假的女大学生，在打乒乓球。

在南方经商的老板，带着年轻时尚的城里妻子，把宝马车开进了山里。

小两口儿又要去打工，父亲驾着三轮车去送行。

一群在县城陪读的小媳妇，带着各自上小学的儿子和粮食蔬菜，去街上坐班车。

第一书记和扶贫工作队走在山道上。

电商已经把生意做到了山沟里。

…… ……

再回西海固

陈莉莉

5月初，自治区作协副主席老闫通知，让我参加由团中央青年志愿者行动指导中心、中国作家协会创作联络部及阅文集团联合主办的“志愿文学”网络作家基层行宁夏站活动。我问老闫要去哪里采风，他神秘地一笑，问：“想回家吗？”我说：“想啊！”

西海固，阔别已久的西海固，不知需要抒情诗，还是需要挽歌？

“一路上粗犷而又苍凉的景致也足以让我心旷神怡。西海固的农民祖祖辈辈都走不出去的坡坡，望不到头的黄土塬，在我的眼里却充满了韵味，充满了神奇。然而，当我的脚迈进一户户农民家的黄土围子时，我被他们的生存现状震撼了。这是一种从未感受过的撕心的震撼，这是一种只能用心体会而不能用语言表达的震撼，这是一种生命与生命碰撞的震撼。”2002年秋天的一个下午，一位“西部博士服务团”的朋友如此感慨地向我表达他最初走进西海固时的感受。我坐在他的对面，手里翻着发黄的书页，在语言的往返回旋中，我又一次穿越大山的缝隙，触摸心灵深处埋植已久的那片狭窄的疼痛。记忆之门徐徐打开，我透过岁月的尘埃，看到了那些盛开之后被我遗忘的往事。

校长姓沈，是位50开外的中年人，身着一件打了补丁的、洗得有些发白的中山装，在这里教书已二十多个年头了。他那略显沧桑的脸庞带有几分忧郁和严肃。

当校长将我领进那间土坯房时，呈现于我面前的是一套饱经时光打磨的桌椅。多少年月了，它仍在默默地陪伴着屋里的主人。校长告诉我，这间房子是他们三位教师的办公室。桌上陈列着整齐的作业本，随便翻翻，那上面都有他们倾注的心血凝成的印记。

学校建在山坡上，山脚下有一条小溪，时断时续。

我们来到三年级上课的教室，那房子倒也不小，还算整洁。春日的阳光从窗口照进来，映着一个单薄的身影，是一位正在给学生布置作业的女教师。当我们走进去时，她向我们轻轻一笑。孩子们用惊慌的眼神打量着我们。

在这里，我发现孩子们对功课都特别认真，每个孩子的脸上都并存着山里的尘垢和无邪的童真。

一张稚朴的小脸抬起来，疑惑地静静地望着我，让我想到“希望工程”宣传画中那一双天真无邪又渴望知识的眼睛。“这位女孩子算是幸运者了。”校长告诉我，在这里，女孩子入学率极低，也许是传统社会重男轻女的观念，也许是贫困，也许还有其他原因，女童受教育的机会太少了，“这位女孩子还是我们的一位教师跑了二十里山路，从家长那里动员来的辍学生。”

在这里我还发现，学生数量随年级升高而呈“金字塔”结构，即一年级人数最多，以后随年级的升高而逐渐减少，至五年级，仅剩6名学生了。

学生流失了？校长看到我疑惑的神情，说：“稍微有点儿条件的家庭，孩子都转到城里上学去了，剩下的全是家境不好的孩子。当然，在这些孩子中，流失也是在所难免的了。”这是一个让老师们痛心而又无可奈何的现实。

校长告诉我，当一些品学兼优的孩子当了“羊倌”“牛倌”时，他们当老师的心在滴血，正是在这种爱心的驱使下，他们常常奔波于山间野外，呼唤着流失的学生。

校长告诉我，在这里的几位教师，都曾从微薄的工资中挤出钱来周济一些家庭贫困的孩子。他们的家都在农村，原本并不富有，然而，面对与他们朝夕相处的孩子一个个辍学，除了做家长的工作外，他们能做的就只有拿出自己的工资了。

别了学校，来到姓董的一户人家，没有围墙的院落里甚至没有柴垛和像样的住宅，仅有的两孔窑洞破败不堪。进得窑门，炕上蜷缩着一个老人。村上的同志告诉我，这是一户5口之家。上有年已花甲的老人，常年卧病在床，下有不足3岁的孩子。儿子儿媳长年在外打工，家里只剩下两个老人相依为命。

面对这灾难常常肆虐的荒原，他们以常人不可想象的忍耐力，在这块旱塬上抗争着，活着，活得艰难，活得令人揪心，活得让人心灵震颤。

在我返回驻地的途中，我的脑海中出现了一幅古老而沧桑的图景：一位老乡赶着驮水的毛驴走在蜿蜒如蛇的山间小道上，花儿悠长的调子飘向梁峁、飘向遥远而不知名的地方……

雨点点打身心尖尖冷，
大镬头掏地嫩手手疼；
锄尖尖掏地挖不深，
乡里妹子不嫁山里人。
…… ……

细细的雨丝织成薄薄的雾幔，在微风中摆动。浑厚的旋律，如大山一样深沉。

那遥远的歌声，亘古不变的旋律，在瓦蓝的天空中回荡……

这些年，其实农村变化不小，特别是国家实施的乡村振兴战略，使乡村的面貌有了不同程度的改善。比如，大力实施的生态建设，使原来光秃秃的山梁披上了绿装，多年干涸的小河也唱起了欢歌；危房改造让许多家庭盖起了新房，居住条件得以改善；精准扶贫让一些贫困户的生活有了基本保障……但与此相伴的是，随着城市化浪潮的到来，乡村的年轻人都选择了外出打工，农村如一位迟暮之年的垂垂老者，已经丧失了它应有的活力。当然，也出现了许多始料未及的问题。以我老家的一个村子为例：女孩子都跑到城里去了，光棍儿越来越多了；小河里的水因过多的小淀粉企业而污染，老乡们再也不能放心地饮用了……

在我这次参加的“志愿文学”网络作家基层行活动中，来自厦门大学的研究生彭薪蓉告诉了我这样一件事情。在她支教的海原一中，有个女孩子学习很优秀，但是染上毒瘾的父亲为了筹措毒资，把还在上学的女儿硬是许配给了邻村的一个男人。她听了这个孩子的遭遇，多次与孩子父亲联系，做思想工作，最终使孩子的父亲幡然悔悟，为了女儿的前途命运，几次进戒毒所，最终戒掉毒瘾，外出打工供女儿上学。

当今世界已进入信息时代，而我们的西海固还很落后啊！我告诉同行的朋友，在山里，一个很受人尊敬的老人，因触犯法律而被惩处时，还不知道什么是法律；一个勤俭一世的汉子，因目不识丁，错投一次农药，致使他种的庄稼颗粒无收；一个阳光健壮的小伙子因筹不到苛刻的彩礼，眼睁睁看着自己心爱的姑娘被人买走；一个村民因迷信巫婆而延误了孩子的病情……

朋友听了，泪水涟涟……

曾几何时，当我听说山洪暴发冲走了邻居张大伯心爱的两头黄牛的时候，当我听到村里的光棍儿刘哥忘情地渲染他十八岁的爱情的时候，当我听说村里的“人尖尖”杏花被她爹以10万元卖给千里之外的一个憨子的时候……我多么渴望那贫穷落后的乡村能多几位教师，好给那片贫瘠的土地撒下现代文明的种子啊。

费孝通在《乡土中国》中写道，所谓的“乡土”是指进行农业生产的广大农村，那里居住的是中国绝大多数的居民，他们依附土地，自耕自食，自织自穿。日出而作，日落而息，跟随太阳的出没、地球的自转，自然安排生产劳动。年复一年地就地生产，就地消费，缓慢的生产节奏，养成松懈而稳定的生活方式。农民在这里按照自发形成的生产和生活习惯，不离乡土，安身立命，人与人之间，非亲即故，彼此都是熟悉的乡亲。

费孝通所描述的，应该是传统的乡土社会。但是，经过改革开放40年的变迁，当下，农村社会现实已经发生了极大的变化。文学批评家孟繁华在《风雨飘摇的乡土中国》一文中写道：“乡土中国既有的秩序、伦理、习俗和价值观念，在强大的‘现代’面前正在悄然崩解，在文化的意义上，它正处在一个风雨飘摇的精神破产过程中，一如一个风烛残年的老人，无辜无助更无奈；乡村的历史也正在重构，过去的历史叙述因其结果的难以兑现而被重新改写……”

北方乡村，现在也不再是30多年前的乡村了。当下的情况是，在城市化浪潮中，我们的乡村正在逐步消失，不正视这样的现实，我们对乡村的认知就会与时代脱节，就不接地气。

在采访快结束时，村主任把我带到了一户家境比较殷实的人家去看。进了院门，靠东盖有一溜砖木结构的青砖大瓦房，靠西的两孔窑洞外表整洁而簇新。主人姓徐，50岁开外。到主人家的上房去看，宽敞的客厅布置得整洁干净，从那新式的衣橱和这里农人少有的冰箱、洗衣机等家电，就能感觉到生活在这里呈现的是另一片天地。来到储粮的窑洞，映入眼帘的是两大囤小麦，足有一千多斤。从主人的神态和言谈中，就能感觉到他们生活得幸福而满足。

主人的儿子大学毕业后在苏州的一家安装公司工作，走出山外的儿子给这个原本封闭的家庭带来了鲜活的空气。“知识改变命运”，这是一个鲜活的例子。

这种贫富悬殊的对比，给我留下了深刻的印象。仔细分析，虽有其客观因素在里面，但给我最深的触动，还是教育。

人类社会的发展离不开教师这个职业，离不开教育这种“千年教化之功”。然而，承载着人类精神和生命在文化层面上代代传递使命的教育事业，千百年来，它经受了多少社会潮流的冲刷和磨洗，面对历史的风霜雨雪，教育又表现得多么顽强。在这里，我看到了厦门大学“研支团”的同学们，看到了复旦大学“研支团”的同学们，也看到了武汉大学“研支团”的同学们……他们一届接一届，薪火相传，特别是在那样艰苦的条件下，他们永远净守三尺讲台，使我这个因世俗的倾轧和人情的淡漠曾一度对人生的真谛产生怀疑的人惭愧不已。

听当地教育部门的一位同志说，在西海固的一些贫困村，能考出去的大学生寥寥无几，但只要考出去了，这个家庭的面貌就会发生根本变化。考出去，这就是他们唯一的希望。

精神文化比物质更加贫乏的西海固乡村，多么需要能带来命运转机的教师奉献自己的才智，多么需要教育事业的千年流泽。

在我们几天的车马劳顿、长途奔走后，就到了挥手告别的日子。时序虽然即将进入夏天，但西海固的天空仍然阴雨不断，春风并不温柔，仍然带有几分砭人肌肤的寒意，但我们的心里都保存着那一张张青春的面孔——他们基本上都是“90后”“00后”的大学生。他们的执着，他们的认真，包括他们经过艰苦生活洗礼的精神世界，都呈现出别样的内容。挥手告别时，我看到了他们的微笑，那笑真诚而美丽，融入那深红的夕阳中，化作一帧深邃而动人的风景。

一个民族的崛起，靠的是坚韧如钢的脊梁；一个伟大梦想的实现，靠的是矢志不移的灵魂。

我坚信，有了我们的扶贫工程，有了团中央发起实施的西部志愿者支教活动，有了那样一些安于清贫，把自己的人生命运交付教育事业的乡村教师，西海固山区一定会迎来自己的春天。

让我们携起手来吧，用我们的汗水和努力，为西海固的明天铸造一轮金黄的太阳。

站成一棵花树

何梦如

1

温润的空气里缀满了水雾，我浑身的绿叶缓缓伸展开来，迎接着这上天的恩赐。倏地，枝尖一阵酥麻，如闪电般掠过，从枝尖传到枝干，然后迅速地传遍了全身。沉寂了许久的花苞像收到什么信号一般哗啦啦地冲破黑暗，从我的身上钻了出来。

霎时花香四溢，落珠缤纷。

暖风拂来，飘洒着喜悦的气息，也带来不远处欢乐得冲破天穹的笑声。

一群穿着红红蓝蓝衣服的人朝我走来，脸上洋溢着幸福的味道。他们每个人的胸前都挂着一块牌子，好似将要履行一个神圣的使命。我弹了弹叶子，他们要干什么呢?

当他们走到我身下时，我调皮地抖了抖身体，雨珠和花瓣顺势滑落下来，飘洒到他们的头上、肩膀上。有个人下意识地抬头瞧了一眼，洋溢着笑容的眼睛闪过一丝欣喜。

他们走进了我身后的院子里。

2

空气中充满了水汽，我们一路上的欢笑声也钻入了这似有似无的水雾中。快要到敬老院时，忽然洒落一滴水珠，一片花瓣悠悠地落在了我的头上。我不由抬头，洁白如雪的一树繁花，硬生生地撞入了我的眼球，跌落到我的心里。一层被我刚刚拉拢的隔膜瞬间被这美好融化，我的心中不免溢出一丝欢欣。

我跟随大家一同走进了敬老院，因为是第一次，开始时手足无措，只能跟在学长学姐后面，他们怎么做，我就跟着怎么做。聊天、铺被子、打扫卫生，随后渐渐地熟悉了。

我遇见了一位老爷爷。他坐在轮椅上，那昏暗阴冷的屋子周围弥漫着悲凉的气息。我走近他，听他讲述自己的故事，他的话里都是在悲叹老不中用，生活痛苦。我便下定决心，将老爷爷推出了房间，来到了走廊上。途中遇到一个向上的斜坡，难以推过去。我反复试了几次，都没有成功。轮椅上的老爷爷勃然大怒："我说了过不去！过不去！"这时，我看到小伙伴们过来了，连忙喊他们一起帮忙，让他们帮我把轮椅推了上去。我笑容满面地冲老爷爷说："您看，过去了吧。世界上没有什么是过不去的！"老爷爷沉默着，任由我推着他走。

门前，花开得正盛，一簇一簇，沁满人们的心房。

3

凉了，凉了，一层又一层，秋意弥漫。我在风中瑟瑟发抖，那绿叶也抵不住这袭来的寒意，纷纷飘落，留下稀疏光秃的枝躯。太阳光软软地伏在我的身上，没有带来丝毫的温暖。

我浑身蓦地抖动起来，心里那片冰凉的土地苏醒过来，绽放出热情的光彩。熟悉的笑声从远方的路上飘来——他们来了！

他们来了多少次了？我的大脑容量已经不够数清了。只记得那一年花开，这一年花落，我的年轮已经圆满，他们还依旧在。

4

也许这是一个约定，也许这是一场缘分，我又踏着欢声笑语而来，走进了这已熟悉的院子里。

我想去看望那个老爷爷，瞧瞧他心里的石头是否少了一些。当我走进那熟悉的房间时，空荡荡的轮椅躺在角落里，静静地，与阴暗融合。我的心沉了一下，不好的想法浮现在脑中，我马上甩头，心想，可能老爷爷还没有睡醒。我又去看望老爷爷隔壁的一位奶奶。奶奶说，这里有时候很静，静得可怕，不知道自己什么时候就会走。又说起那个老爷爷，奶奶叹着气说，老爷爷已经走了。听到这儿，我感到头顶上冰凉的阳光有些恍惚，射入我那怀揣着希望却又逐渐冰冷的心。

我不知是以怎样沉重的心情离开敬老院的。门前的树，叶子已快落光了，我的心里不经意间又覆盖上一层淡淡的荒凉。

5

恍恍然若隔世，久违了这一棵洁白若雪的花树，更久违了这里的每一个房间，每一棵树和每一位老人。若沧海，若桑田，仿佛什么都变了，却又仿佛一切都回到了起点，回到了大一时第一次邂逅这满树繁花，走入这敬老院。

这一次，作为学长学姐的我们，带着爱心服务队的学弟学妹们，继续传递这份爱的希望。

他们生活在一颗孤独的星球上，垂垂老矣，等待着生命最后的夕阳。何其有幸，我们如门前的树，花开、花落，一直在那里，不离不弃。又何其有幸，得以陪伴这片夕阳。

大美海棠

陈四长

采访樊亚惠

我的面前放着一本雯馨儿撰写的自传《抗病人生》，如果不是亲眼所见，我无论如何想象不到，这本20余万字的作品，出自一位小脑萎缩的患者之手。

作者的真实姓名叫樊亚惠，1976年生人。她也曾有过美好的青春时光，有过幸福的婚姻和一个属于自己的孩子，但自28岁那年确诊患有小脑萎缩，一切都猝不及防地发生了改变。

小脑萎缩的病因至今无法查明，医学上目前尚无治疗的办法。这种病残酷破坏人体运动的协调能力，造成人行动不受控制，口齿表达不清，最后发展到走向瘫痪。因为大脑完全清晰，知道事情的发展万劫不复，在身体每况愈下的日子里只能含泪承受，这对病人是极其残酷的事情。

见到樊亚惠是在2018年6月22日中午。这是一个晴朗的日子，在西安海棠职业学院团委的联系和安排下，我来到西安纺织城一幢家属楼的6楼，采访了樊亚惠和她的母亲焦爱荣。此时的樊亚惠已经下肢瘫痪，行动不便。她斜倚在客厅的沙发上，笑笑地盯着我。看得出，这是一个阳光、要强又爱美的女人。尽管由于疾病的折磨已经非常消瘦，但她穿戴整齐，头发也梳得一丝不苟，脸上还画了淡妆，抹了口红。

因为樊亚惠语言表达有障碍，主要是樊妈妈向我介绍情况，她偶尔插上一两句。

樊妈妈说，亚惠36岁开始写这本书，那时她已经被疾病折磨了8年，行走开始出现困难，手也握不住笔，只能艰难地在电脑上敲字。亚惠说，她要和时间赛跑，在自己完全瘫痪前写成这本书。她要把自己病发初期的症状，以及同疾病做斗争的体会写出来，传递给有类似症状的人。她要借这本书，表达对曾经给予自己关爱和帮助的人们的感谢。

亚惠对妈妈的介绍点头认可。她说："我庆幸有一个好妈妈，庆幸与海棠学院的志愿者成为朋友。是他们让我在绝望中看到了希望，没有被困难打倒在地。"

我向樊亚惠和她的妈妈打听海棠学院志愿者的情况，母女二人像数说自己的亲人一样神采飞扬。妈妈焦爱荣说，自从得知亚惠的情况，海棠学院的志愿者便像照顾自己的大姐姐一样，给亚惠送来爱和温暖。八年多来，一届一届的学生毕业了，他们像传递接力棒一样，把爱一届一届地向下传递着。

樊亚惠和焦爱荣清楚地记着这些可爱的学生们，尽管他们中的一些人已经毕业了，但樊亚惠和焦爱荣都能说出他们的名字：第一批志愿者有赵亚丽、小强；第二批有林薇、赵杰；第三批有郭彦汝；第四批有薛梦雅；第五批有赵雪儿；第六批有张敏、潘晓琴；第七批有计婷玉；第八批有吴美慧、何丽娟……

樊亚惠和焦爱荣母女这样清晰地记着一批一批志愿者的名字，这使我对海棠学院的志愿者群体产生了浓厚的兴趣。

海棠学院的志愿者

从纺织城到大学城是一路的上坡路。车上白鹿原，穿过几公里翠竹和大树混生的林荫坡道，便到了西安东郊大学城。

我一路在想，这样远的坡路，其中相当一段还不通公交，海棠学院的学生们如何能坚持8年往返于亚惠家和学校之间！

海棠学院在大学城水安路，校园内树木花草很多，环境极好。进入校区，迎面教学楼上红色的海棠花浮雕，像嵌在高处的皇冠，特别耀眼夺目。

校党委办公室主任侯月瑞和团委书记王芸，向我详细介绍了学院青年志愿者的建设情况。她们说，海棠学院的青年志愿者协会成立于2005年，队伍现发展到上百人。协会成立后，以“奉献、友爱、互助、进步”为宗旨，围绕“善行100”“扶孤、帮困、助残”等主题，开展了多项献爱心活动。帮扶樊亚惠的活动是其中之一。

2010年，从《华商报》上看到樊亚惠的报道后，海棠学院的志愿者就与其结成对子，每到周末，七八人组成的小分队，便来到几公里外的樊亚惠家，看望她，陪伴她，照顾她。每次去，志愿者都给樊亚惠带点儿小礼物，或图书，或水果，或只是一个小手工玩意儿。姑娘们为她剪指甲，按摩，整理发型，陪她说话聊天，帮樊妈妈做家务。樊亚惠爱美，姑娘们就帮她化妆。樊亚惠想下床活动活动，姑娘们就抱她到轮椅上，推着她在客厅里活动。按摩一般做半个钟头，每当姑娘们为她按摩的时候，樊亚惠都十分安静、陶醉。她说，姑娘们的手法真好，她十分享受，非常舒服。

姑娘们按摩的手法好，因为这是她们的专业。海棠学院是一所以医学类专业为特色的职业高校，学院开设有护理、康复治疗、针灸推拿、中药学、医学美容等专业。这一切和帮扶对象的需求特别吻合。志愿者们登门为樊亚惠推拿、梳妆，既是爱心的传递，也是所学专业的实践，难怪樊亚惠感觉姑娘们妆化得漂亮、穴位按摩得精准。

瘫痪后的樊亚惠行动不便，心情不好。她在书中写道：“我现在每天只能在床上透过窗子去看外面的世界，那四方形的天空几乎成了我的全部。”渴望飞翔的她因此异常苦闷、寂寞，海棠学院年轻人的到来，给她住的这间小屋带来了欢乐。这些花蕾般的少男少女，给她带来外边新鲜的故事，给她说笑话，讲新闻；给她拍美照，唱流行歌曲，表演排练的小品。志愿者一来，樊亚惠就特别开心。樊亚惠尤其爱听姑娘们唱的《小苹果》，她说，这首歌节奏明快，歌词也好，听这首歌，似乎又回到了童年。有时，樊亚惠也会情不自禁地加入进来，和志愿者们一起哼唱。难怪樊妈妈说，周末是樊亚惠最快乐的时光。现在一到周末，樊亚惠就给同学们发短信，盼着他们到来。

5月20日是樊亚惠的生日，海棠学院的志愿者们记着这个日子，年年给她庆生。由于往往碰不上周末，或者是与考试冲突，志愿者们就选择提前来给她过生日。

2015年5月14日，是个晴朗的日子。这日上午，海棠学院的青年志愿者手捧鲜花、带着蛋糕来到樊亚惠家，为她庆祝39岁生日。因为事前有联系，樊亚惠这日心情特别好，早早地换上一件鲜艳喜气的红色T恤，在家里等候同学们的到来。

因为之间相熟了，一进门，同学们就与樊亚惠热聊起来。同学们关切地问询樊大姐的身体状况，大姐也关切地问询同学们的学业生活。梁婷、黄平和李妮几位同学是常来的熟人，一来就帮樊妈妈干活，给樊大姐按摩。另外，他们今天还有一个任务，就是带几个新同学给樊亚惠认识，把爱的接力棒传递下去。

一切准备停当，生日庆祝开始，同学们拍手唱起《生日快乐歌》，在欢快的旋律中，蛋糕上的几十只小蜡烛次第点亮。樊亚惠脸上洋溢着幸福，她在同学们的祝福中吹蜡烛，切蛋糕，许美好的愿，说感恩的话，在温馨的气氛中过了一个特别的生日。看见女儿满脸的兴奋，樊妈妈眼里泛着泪花。

每逢佳节倍思亲。现在每逢端午、中秋、春节等几个传统节日，志愿者们都会登门去看望樊亚惠。春节前学校放假了，同学们也会聚拢起来，带着慰问品，给她送去春节的问候。老一届的志愿者毕业前，会像交接手续一样，把爱的接力棒传给新入学的同学，让爱一届一届地传递下去。有的同学毕业了，参加工作了，还依然与樊亚惠保持着联系，每逢节日过来看望她。甘肃姑娘林薇是第二批的志愿者，毕业后在西安一家医院上班，找了个兴平小伙儿结了婚。她把亚惠家当成自己的娘家，端午、春节都带着丈夫过来看望。第三批的郭彦汝毕业后，和樊亚惠一直保持着电话联系，记着亚惠爱美，一次去外地出差，还给亚惠寄了一盒口红。

樊亚惠和妈妈感谢海棠学院志愿者送来的温暖。2016年5月，樊妈妈受女儿委托，特意给海棠学院青年志愿者协会送了一面锦旗，锦旗上写着12个大字：爱心接力传递，素质教育典范。这12个字是樊亚惠精心拟就的，代表了樊亚惠和妈妈的心声。

爱的活动点

作为志愿者活动的组织者和参与者之一，王芸说，除了帮扶樊亚惠，志愿者协会还联系了东林敬老院、仁德敬老院、心心幼儿园、儿童村、晶洁鸟残疾中心作为活动点。每到周末，志愿者就分成几个小组，分头去这些地方开展活动。

心心幼儿园是一个特殊儿童教育基地，是自闭症儿童和智力残障儿童的教育中心。海棠学院的志愿者，把这些特殊儿童看作自己的弟弟妹妹，每次去，都给他们带一些小礼物，陪他们做游戏、做手工，给他们唱歌、跳舞。有些孩子不会说话，同学们就用学来的手语同他们交流；有的孩子看不见，同学们就给他们讲故事。孩子们渴望爱，看见大哥哥大姐姐，总想抱抱他们，同学们就高兴地抱起他们到外面晒太阳，给他们洗手、喂饭，陪他们进行康复训练。

2012年3月9日，学院志愿者一行13人到心心幼儿园看望孩子们，帮助园里修理了暖气，清理了渗漏的积水，协助工作人员为生病的孩子喂药、清理个人卫生，同时还参与幼儿园的教学，教孩子们说话、识字、跳舞，和孩子们一起游戏，陪伴他们度过了快乐的一天。下午，当同学们告别时，孩子们拉着他们的手不让走，有些孩子甚至哭了出来。

东林敬老院是学院志愿者的又一个活动点。这里的老人们，非常欢迎海棠学院同学们的到来。平时，他们周围都是些老年朋友，海棠学院的同学们一来，他们感到自己也变得年轻了。同学们为敬老院打扫卫生，整理草坪；给老人们表演节目，陪老人下棋、玩牌、说话；给老人们讲解医药、养生常识……了解到老人们爱听老歌、民歌，同学们就去搜集、学唱，再来时演唱给老人们听。老人们对老歌有感情，听到熟悉的旋律，也加入演唱的队伍，与志愿者互动，气氛特别温馨、热烈。

2017年10月15日上午，海棠学院青年志愿者以“喜迎十九大，敬老公益行”为活动主题，带着慰问品，又一次来到东林敬老院。那天，天空下着蒙蒙细雨，但这丝毫没有影响同学们的热情。现场，志愿者们为老人打扫房间，整理床铺；为行动不便的老人剪指甲，按摩身体。医学部的同学利用所学知识为老人普及健康教育，讲解维持血压正常值的相关知识。特别使老人们高兴的，是他们表演的一组迎接十九大的小节目，非常生动有趣，激起了老人们的阵阵笑声。最后，他们还与老人们一起合了影。现在，一到节假日，敬老院的老人就期待同学们过去，有时他们有事去不了，老人还会打电话询问。

西安东郊狄寨塬的陕西儿童回归村，是一家专门收养服刑人员子女的福利机构。 2013年12月7日，海棠学院团委组织30余名同学来到儿童村开展志愿者活动，正式举行了“西安海棠学院爱心基地”授牌仪式。在儿童村负责人的导引下，志愿者们观看了纪录片《太阳村往事》，了解了儿童村的发展历程。他们帮助打扫了儿童村的宿舍、餐厅和院落，和儿童们一起做手工，玩游戏，陪伴孩子度过了快乐的一天。

无须一一记述海棠志愿者到各点的活动，因为那样太过烦琐。如果一定要写的话，那就是——志愿者走到哪里，就给哪里带去爱的暖流，善的欢乐。

爱的传递

志愿者到爱心基地参加活动，不仅给他人带去了快乐，自己也获得了营养，受到了教育，致力实践的“奉献、友爱、互助、进步”的目的得到了实现。海棠学院党委书记张桂荣如是说。

张桂荣举了这样几个例子。帮扶对象樊亚惠，罹患小脑萎缩多年，连走路都要母亲搀扶，在如此艰难的境遇下，她以顽强的毅力写出20余万字的《抗病人生》。她的妈妈焦爱荣，一个普通的家庭妇女，上要侍候耄耋之年的母亲，下要照顾身患重病的女儿，面对生活的重压，她达观、坚强，把家事料理得井井有条。这一切，使去看望她们的同学们很有触动，很受教育。去心心幼儿园和回归村的活动，同样有着这样的效果。有的同学，以前遇到点儿挫折就打退堂鼓，看到樊亚惠的坚持，他们鼓起了前进的勇气。有的同学，以前抱怨这，抱怨那，总感到不满足，看到这样一群孩子，在坎坷的命运中还快乐生活，他们感慨地说，应当感谢生活带给自己的幸运，懂得感恩，珍惜当下，不能身在福中不知福。

张桂荣说，大学教育，重要的是培养高素质人才。海棠学院重视青年学子的人格塑造 ，把开展公益活动、慈善活动，以及有品位的文化活动，作为培育“海棠精神”的抓手，一以贯之。

在志愿者的带动下，热心公益、热心慈善已在今日的海棠学院成为风气，参加志愿者活动的同学越来越多。在原有活动基地、活动项目的基础上，新的学年，协会又建立了几个新的活动点。周末，人们看到，穿着红马甲的海棠学院志愿者成群地出现在兴庆公园，每人提着一个绿色的环保袋子，在道路、草坪上捡拾垃圾，公园里晨练的老人们向他们投去赞许的目光。在纺织城一印社区，也出现了海棠学院志愿者的身影，他们自带工具，清扫道路上的落叶，捡拾楼宇下的垃圾；给社区的老人宣传医药卫生知识；教社区的孩子唱歌、画画，为社区孩子辅导作业……在钟楼、北大街，志愿者们开展“善行100”活动，为扶孤助残募集善款。

校园内的公益活动也深入开展。学院开展“学雷锋 · 树榜样 · 创文明”系列活动，学生们热情高涨，从美化校园环境做起，打扫学院每个角落。响应省、市团委和慈善机构捐献闲置衣物的号召，志愿者协会在学院多处设置衣物回收箱，回收师生们闲置不穿的衣物。活动期间，捐献衣物的师生络绎不绝。志愿者在设定地点轮班守候，集中收集、分类整理，定期交到有关慈善机构，将师生们的爱心传递出去。

去海棠学院采访时值盛夏，已过海棠花期，但在一个个志愿者青春焕发的脸上，我看到了海棠花明丽的色彩。我不禁想起金代诗人元好问歌咏海棠的诗句：“枝间新绿一重重，小蕾深藏数点红。爱惜芳心莫轻吐，且教桃李闹春风。”海棠花迎春开放，花团锦簇，重葩叠萼，宛若云霞。有一树千花，却不与桃李争春；花朵虽小，但照样能够灿烂。难怪被人喻为“花中仙子”。

海棠学院播撒爱心的志愿者，不就是可爱的“花中仙子”吗！

迷雾里的阳光

赵兴国

我去参加一个志愿活动，为一家农村低保户送过冬煤。

那是一个初冬的早晨，大地被一层厚重且潮湿的雾气严严实实地蒙住，透不出一丝气来。我在一片白茫茫中，焦躁地在指定的集合点等待着。滨博高速的高架桥影影绰绰地横架在220国道上，桥洞像巨兽张开的大口。偶尔，有车辆开着双闪灯，仿佛行走在咯咯作响的冰面上，小心翼翼地从那口中逃身出来，或是投身进去。风拖拽着一大团一大团的雾气在我周围缓缓地游走，湿漉漉的雾气拂过我的脸，冷飕飕的。邻近那黑黢黢的高楼，在雾中时隐时现。渐渐地，一种深层的惊惧在我心里清晰起来。我想，若高高的虚空中有一双眼睛的话，那浓雾中的我，应是一只渺小的蝼蚁吧，抑或是一片离开枝头，却还没有着地的落叶，一个脚掌，一个车轮，便可轻易地将我碾成齑粉。对于生命的渺小和脆弱，在那一刻，我有了更深一层的体会。

在这等待中，我忽然想起了母亲，想起母亲说过的一件和雾有关的事情，我仿佛看见浓雾中，依稀出现母亲那渺小的身影。

四十五年前，刚刚一岁多的姐姐还躺在铺了沙土的布口袋里，我在母亲的肚子里。也是初冬的早晨，也是白茫茫的大雾，母亲给姐姐喂了一碗玉米粥，然后拿着布包袱出门了。父亲受公社的指派，去临县挖沟调河干工程去了。爷爷奶奶早在父亲十五岁的时候，便相继离世。矮小的土屋里，只剩下姐姐和她的哭闹声。

母亲要去“峦”棉花桃子。到底是不是这个“峦”字，我是不确定的，母亲用方言说的时候，只是说“luán桃子”。在我们老家，祖祖辈辈传下来一个习俗，过了霜降，大地上棉田不再归个人所有了，谁都可以去采摘剩余的棉桃。母亲后来给我们解释说，那是为了给那些穷苦的人留一条活路，也让他们能多少有一点儿棉花保暖，熬过漫长的冬天。母亲说，那时候她年轻，一上午跑三五十里，运气好的话，能“峦”到十斤八斤桃子。母亲说，那雾可真大啊！只能循着脚下的路，凭着记忆，去找到大雾里的棉田，去找寻被主人遗忘在棉株上的棉桃。母亲说，那时候也不知道害怕，也不知道累，只知道家里还有女儿。母亲说，委屈的时候，也会哭，而对于布口袋里的姐姐来说，母亲是她的全部。生命的本能给了母亲勇敢和坚强，尽管雾中的母亲是那样渺小和脆弱。

晌午，母亲背着盛着棉桃的包袱回家来，第一件事是用小铁锅烧热干净的沙土，换出被姐姐尿湿的那些，再喂一下哭闹累了、自己啃手指的姐姐。然后，就把“峦”来的棉桃铺在地面上，用脚踩。那是一些桃核大小、又干又硬又黑的棉桃，咯吱咯吱响着，有些硌脚。母亲用脚踩扁以后，再用柳木棍子反复敲打。把它们打碎后，母亲便用手把细碎的棉絮一点儿一点儿用指甲抠出来，或者纺线，或者絮被，来缝补呵护着贫苦的日子。母亲说，别人家都有老人，给盘算着什么事情提前准备什么东西。可是爷爷奶奶走得早，姐姐落生的时候，连个布口袋都没有，只能裹在一床小褥子里。说着说着，母亲眼圈红了。母亲说，那日子啊，就像走在大雾里一样，看不到边儿。姐姐的那个布口袋，还是邻居家大娘给的，母亲说一辈子也忘不了她的好。

极度贫苦的日子，把底层的人紧紧攥在一起活命，亲帮亲，邻帮邻，只能如此。一颗心主动去温暖另一颗心，大概是人类文明最深层的起源。

正在我眼睛发酸的时候，同去的志愿者朋友三三两两地聚合来了，有的手里拿着衣物，有的提着一袋子面粉，有的带了一桶油。大家见面，搓着手，互相打招呼。这时候，天地间明亮了很多，雾气却很大，白花花的，横亘在阳光和大地之间。我们七手八脚把东西搬上车，车子穿过高架桥的大口，一路向西驶去。车窗外，是浓雾笼罩下的大平原。那茫茫的雾气里，仍旧游走着我故乡的人们，他们在一起耕耘，一起盖屋垒房，一起婚丧嫁娶。我仿佛看到了当年的自己，跟在父亲后面，搬着两把木椅子，给邻居家二叔送去……

那是三十年前的一个冬天。记忆里，那个冬天冷得出奇，房顶上盖着厚厚的白雪，檐下挂着尺把长的冰锥，在用砖头垒成课桌的教室里，十个孩子中有八个的手脚被冻伤了。早上，就连最勤劳的农民，也不再因为一块牛粪而跑更多的路。可就在那个冬天，早起的二叔在场院屋子的草垛里，看到一个女人和她怀里幼小的女儿。女人在二叔家喝了两碗热粥后告诉人们，她一路讨饭到了这里，只要有口热饭，能给孩子做一套棉衣棉裤，她就留下来。大家伙儿都看着二叔，看着这个因为家里穷，光杆儿到四十大几的男人。二叔红了脸，点了头。于是街坊四邻就在凛冽的寒风里，拿脸盆摸扫帚，扫的扫，洗的洗。灶膛里燃起了柴草，烟囱里冒出了炊烟。有了女人，有了孩子，二叔就有了家。

父亲特意把他自己亲手做的一套桌椅送过去。父亲说，穷时帮一口，强于富时帮一斗，过日子谁家都有个五步三急过不去的时候，三里村五里庄，不是亲戚是老乡，更何况是街坊邻居呢？在那个物资极度匮乏的年月里，最底层的穷苦百姓珍惜所触及的一丁点儿资源，诸如一根柴草一块瓦片，都视为珍宝。省吃俭用是农人活下去的秘诀。然而节省不是吝啬，谁家有个大事小情，邻居本家都来帮忙。有钱出钱，没钱出力气。

车子拐下国道，往南驶入一条窄了很多的乡村公路。这时候，雾气淡了一些，太阳只是偶尔在雾气后面，露出一个圆圆的轮廓，像一滴滴在纸上的油污。那躲在工厂高墙背后的田野，终于向我袒露出宽广的胸襟。初冬的田野，枯黄色是主色调，黄的草，黄的土，间或有淡墨色的痕迹，那是调皮的孩童放野火的结果。我拖着清鼻涕放野火的时候，村里的房屋还都是土坯房，现在绝大多数是砖瓦到顶的了，有的还是二层小楼。就算有土坯房也是废弃不住的，坍塌的断壁残垣掩映在高高的水泥围墙的阴影下。经济的迅猛发展，把掩藏在人类身体里的私欲的猛兽彻底释放出来，冰冷的围墙，切断了祖祖辈辈生于斯老于斯的父老乡亲的血脉。“爷们儿亲，辈辈亲，打断骨头连着筋。”这是当我们在那间土坯房里把桌椅摆放好以后，父亲对二叔说的一句话。而今回想起来，是那样遥远。

我们的车终于在一家矮且老旧的土坯房门前停下来，迎出门来的，是一位老大娘。她头上戴着用黄色的方围巾打的包头，上身穿着一件黑底白花的棉坎肩，胳膊上套着深蓝色洗得发白的套袖。这样打扮的老人在农村是很常见的，他们带着从父辈遗留来的认知习惯走进网络信息时代，日新月异的变化让他们眼花缭乱，无所适从，他们只能通过简单的体力劳动，换回一点儿钱来维持生活。走到她近前的时候，我分明看到她眼里闪着晶莹的泪光。猛然间，这泪光刺痛了我的心，揭去刚刚还蒙在我心里的一层施舍者的优越感。带队的人介绍说这是宋大娘，也就是我们救助的对象，今年七十多岁了。我慌忙抢前一步，拉住老人的手，老人的手很粗糙，皮肤像晒干的枣子。老人看到我们，红着眼圈，嘴里喃喃地说：“你看看，你们还都想着我，你看看，你们还都想着我……”翻来覆去，都是这一句。这个我能理解，憨厚朴实的农村人，是没有那么多华美的词句的。带队的人在路上就介绍了宋大娘家的情况，她早年丧夫，和一个生活不能自理的精神病儿子相依为命。在农村，虽说现在耕种都用农机，但是有些农活还是需要男劳力，比如说给庄稼浇地上水，比如说爬屋上房修修补补……换作先前，那就更加困难。

宋大娘把我们让进屋里。我环顾了一下，不能说家徒四壁，但屋里确实没有几件像样的家具，这不由得让我想起二叔刚成家时候的场景。可就在迎门的正墙上，赫然高挂着一张毛主席像。我们把带去的油、面、衣服放下，外面的几位朋友把煤卸下来，老人忙着沏茶倒水，我则把目光停留在领袖像上，领袖也在用温和的眼光看着我。领袖已经亡故四十余年了，在这个偏远的小乡村里，他的照片仍被一个农村的老妇人摆在供人瞻仰的位置。老人似一片微萍，在物欲横流的经济大潮中被无情地碾压，忧伤之时，悲苦之时，或许支撑她的便是这墙上投向她的平和的目光。我忽然觉得，自己的心更加柔软起来。区区几百块钱，确乎不多，但对于一个农村的家庭来说，这足以带给他们一个冬天的温暖。或许老人还有很多很多的困难，起码我们帮她解决了其中的一个，让她能在寒夜里多安眠一点儿时间。就像父亲送给二叔的桌椅，在某种意义上说，它成全了二叔一家，支撑起一个生命最起码的做人的尊严。

离开宋大娘家时， 我们已经走出很远了，老人还站在门口目送我们。我的眼前又浮现出她热泪盈眶的样子。一份细小的关爱，便如同一棵看似羸弱的小草，它会把根深深地扎进厚厚的土地。等春风吹来的时候，它会用自己的生命装点春天。我想，母亲目送邻居大娘的时候，泪水也一定曾打湿了那个养育了姐姐的布口袋。

回来的时候已是正午，车窗外，雾气已经散去，墨绿色的麦苗在明媚的冬日暖阳下，随风起舞。

生命的长河中，能使爱的暖流奔涌而出的决堤时刻，终归是少之又少，我们更多是在一个个普通的日子里，在柴米油盐吃喝拉撒这些琐事中缓缓前行。日间和我们接触的人，更多是朋友、同事，是和我们没有血脉关系的人。去滨州里则小吴家村送爱心煤这件事已经过去很久了，可我依然清晰地记得宋大娘的样子，尤其是她那双热泪盈眶的眼睛。

在后来的日子里，我始终对那日的浓雾和阳光念念不忘，我慢慢感觉到那阳光，竟然治愈了我思想深处很多痈疽疗疖，使之平整光洁。

那就是青藏高原

谷以成

1

从高原回来后，朋友就张罗着给接风。

望着一桌丰盛的饭菜，突然不知道怎么下筷子了。

想起临行那晚，火车站广场，也是他们，摆了一地的卤菜罐头花生米，说给我壮行，酒喝得豪气冲天。

现在，重新又走在高楼大厦中间，面对着熙来攘往灯红酒绿，却感觉有些陌生，有些手足无措。

可是，我没有说。怕说出来，有人说我矫情。

2

一个月前，我坐了30个小时的硬座火车，车也踉跄人也踉跄地到了格尔木。

实际上，我为了这次环保志愿者之行，已经准备了大半年。网上报名，资格审查，考官面试，健康体检，一项一项地过。

“绿色江河”，一个民间的NGO，弄得这么正式严格，更增加了我的兴趣。

在网上查阅各种资料，熟悉并记住一些名词：索南达杰、扎巴多杰、可可西里无人区、长江源水生态保护站……看《国家地理》杂志，看陆川的《可可西里》，读“绿色江河”志愿者的口述《亲历可可西里10年》，听传奇人物杨欣在《一席》上关于他从漂流长江到保护长江的感人演讲。

当我说出我的计划的时候，有朋友就瞪大眼睛说：“你还玩真的啊？想捡垃圾就在南京捡好了，跑到高原去捡什么啊？”

我告诉他们，那是长江源头，如果从头开始就污染了，那么从上游，到南京，一直到上海，就全污染了。

留不住源头蜿蜒的细流，还去寻找什么大海的尽头。

当然，我的内心，也对那片神秘的地域和绝美的风景心驰神往。

但是，事情并不像我想象的那么简单。

3

“绿色江河”，在联合国都得奖的知名环保组织，20年来，矢志不渝地致力于长江上游地区的生态保护，建立了中国第一个民间保护站。守护藏羚羊，守护斑头雁，守护烟瘴挂，都是它脍炙人口的环保义举。现在，它又把目光投向青藏公路。

青藏公路，是世界上海拔最高的公路之一，被称作“通天公路”。全长1937千米，跨过三条大河：长江、怒江、雅鲁藏布江。作为西藏运输的大动脉，它承担了90%以上进藏物资的转运工作，数以万计的货车昼夜不停地行驶。近些年，熙熙攘攘的骑行者、自驾客、背包族，又络绎不绝地涌入。每天，也有数以万计的各种垃圾从车窗抛出，沿公路向着两侧不断扩散，严重威胁着江河水源地、草原生态以及野生生命的安全。

“绿色江河”正在做的是，从格尔木到拉萨，沿青藏公路修建18个绿色环保驿站，一方面为过往司机提供免费的公厕、充电、饮水、无线网以及休息服务，同时，也请司机将车上的垃圾放到分类的回收箱，换取特色纪念品，力求“垃圾不落地”。然后，将垃圾分类打包，通过空载车辆带到格尔木驿站进行最后处理，这是一种良性的互动。

我们这一拨儿，正赶上建设驿站的任务。承担各种活儿：支帐篷、搭雨棚、接水管、树标志、包揽驿站运转需要的细碎琐屑，还有宣传、接待、维护、收集垃圾、分类打包、销售义卖品……

驿站的选址，主要考虑两点：一是能够欣赏到那一段最美的风景，二是选择前不巴村后不巴店的荒漠戈壁。

比如，昆仑山驿站，就建在西大滩昆仑山冰川脚下，海拔4177米，东有昆仑的主峰玉珠峰，西有道教发源地玉虚峰，连绵的昆仑雪山尽收眼底，青藏铁路横穿而过，过往的游客大多选择在这里停车歇脚，驻足流连，欣赏赞叹美不胜收的风景。

而在荒原上建设驿站，条件可想而知，可以说是一无所有。

水是用卡车从很远的一个企业拉来的，虽然驿站附近也有湖泊和山溪，但是，前者有很多是咸水湖，盐碱成分很高，而且可能含有重金属；后者则是泥沙俱下浑浊不堪，根本不能饮用或者洗涤。因此，两个水箱里的水，就格外珍贵。除了一日三餐和简单的洗漱之外，其他就尽量少用，更不要说洗澡了。

发电是靠两块太阳能板，每平方米1000瓦，只能够应付照明。如果连续好几天阴天下雨，太阳能便罢工不来电。

住，是在开了两个小窗户的集装箱里放了几张铁架子床。“早穿棉袄午穿纱”，这里的温差很大，中午热，夜里冷，晚上多半要钻进睡袋，才能抵御寒冷。

吃，是用煤气罐自己烧饭，大家轮流当厨。记得我一去就担此重任，满怀信心地想露一手。那天做的是炒土豆丝，外表已经炒得面掉了，里面却还是生的！老志愿者告诉我，因为高原地势高，水都烧不开，炒菜自然也不大容易熟，必须将土豆丝先放在高压锅里煮一下，然后再炒才行。与其说是炒菜，倒不如说是煮菜。不过，大家也都吃得津津有味，顿顿盘子见底。志愿者的经费源于社会捐助和企业赞助，每一分钱都来之不易，因此，《志愿者手册》里明文规定，早饭是稀饭小菜，中午、晚上是一菜一汤，每天10块钱的伙食标准，不许超支，养成惜食的习惯。也不允许搭车到镇子上打个牙祭，即便那是花自己的钱，严格的纪律，必须恪守。

人在艰苦的环境下，欲望自然就会降低。

关键是，任何一件事情，只要心甘情愿，都能变得简单。

4

和我有半个月交集的驻站志愿者，是两个大小伙子。

老杨，从昆明来，皮肤黝黑，沉默寡言，看上去像个农民工包工头。谁能想到，他居然经营着四家公司，汽车销售、维修、品牌代理，做得风生水起；郊县还有一个农场，生产各种无污染无公害的有机产品。他是个地道的大老板，热心公益事业和社会活动，追随“绿色江河”十余年，多次在滇川青藏之间往返。家人和朋友都担心他的身体，吓唬他说迟早把命撂在高原。他说，那也值了。

老赵，来自沈阳，是一所师范学院后勤处的电气工程师。水木电气五金杂项，就没有什么他不会的。学校上亿元的大楼就是他负责建的，里面每根管道、每颗螺丝，他都了如指掌。缺个教授上课没什么，但校长离了他，好多事情就玩不转了。他还是个摩托车发烧友，暑假本来是要驾车走拉萨的，但是，却做了特殊志愿者。这次他把9万多块钱的宝贝摩托从东北托运过来，哪个驿站上有事，他就跨着摩托驶上青藏线，奔将过去。

辽宁、江苏、云南，集中到格尔木一个焦点，像一个扇面，又由这个焦点辐射开去，穿越大半个中国。

他们本来都过着优裕自在的生活，却偏偏要到这里吃这个苦。

所以许多人不解：你们千里迢迢跑去干什么呢？

知我者，谓我心忧；不知我者，谓我何求。

志合者，不以山海为远。

志愿者中最多的还是那些大学生，他们最初的动因大多是想利用暑期进行一次社会实践和户外拓展。

“90后”大都是家里的乖宝宝，不懂柴米油盐，不会独立生活，像一个个新兵蛋子，懵懵懂懂地就上了前线。

但是，在志愿者队伍里，他们不懂的，弄懂了；不会的，学会了。

虽然，因为饭菜难以下咽，因为手上磨出了血泡，因为夜半时分想念妈妈，因为没有机会去向往的地方尽情玩耍，他们有过遗憾、叹息，甚至是眼泪。

好在，都挺过来了。

现在，他们阳光下像个孩子，风雨里像个大人。

一个月的高原冰川的洗涤，洗掉了他们身上的浮躁、幼稚，也让他们收获了人生不可多得的宝贵财富。

5

也有人收获了爱情。

男女主角都是来自山东师范大学体育系的应届毕业生，男孩练搏击，女孩练短跑。四年前，一次新生活动，他们在人群中互相多看了一眼，就都认定了对方就是另一半。但是，四年里，他们各自发奋学习，刻苦训练，几乎没有时间与由头，捅破窗户纸。

就在毕业前夕，男孩以一种特别的方式，传达爱的信号：申请去长江源头，做“绿色江河”的志愿者，也邀请女孩一同前往。女孩一口答应了。他们都知道这次高原之行对他们的特殊意义，辽远而切近。

在沱沱河长江源水生态保护站，两人形影不离，一起做志愿者的各种工作，观测、走访、宣传、捡拾垃圾……男女搭配，工作不累。晚上，两人就在辽阔的星空下，说着情话，想着未来。

后来，男孩放了个大招。在做志愿者期间，恰逢女孩过生日，男孩暗中操作，为女孩过了一个22年来最特别的生日。他抓住这一生难逢的契机，在4540米的制高点上，使出洪荒之力，对着长江源头向女孩大声表白："我——爱——你！"声震冰川，响遏行云，成了史上最高的爱情告白。

唐朝许多写边塞诗的大诗人，都没遇到过这样一段浪漫的爱情故事，不然，还不知道怎么大书特书呢！

6

工作生活再艰苦单调，看看大自然绝美的风景，心情便豁然开朗起来。

感谢史前的那次印度洋板块与欧亚板块的大碰撞，谱写了几亿年来我们这颗行星上最为壮观的地质篇章。在那次辉煌的"大陆之吻"中拔地而起的青藏高原，连绵起伏的祁连山脉、昆仑山脉、唐古拉山脉、冈底斯山脉和喜马拉雅山脉，造就了"世界屋脊"的壮观。同时，也凝固封存了大量远古的地质、地理、环境、气候、生态、生物，包括人类早期发展的种种信息。上天的造化，使这片土地成为一座地球上绝无仅有的史前百科博物馆。

在我们志愿者工作期间，传来了一个振奋人心的好消息：可可西里自然保护区，被确定为第51个世界自然遗产。为此，我们以茶代酒，就在可可西里的旁边，举杯庆祝。

当车行到高处的开阔地时，极目远望，丘陵、荒漠、湍急或平缓的河流、一望无垠的草地、远处若隐若现的雪山尽收眼底。天低云舒，雄浑壮美。你会油然而生一种豪迈之气，忘却了自私小己。

入夜，星空低垂，伸手可触。这时候，你仿佛离天最近，听得到来自太空的对话。这种天人合一的意境，是别处不可能体会得到的。

得益于生态保护的推进，在草原上，偶尔会有几只藏羚羊倏然掠过，惊惶地窜向远方。

每次看到藏羚羊的时候，我都会想起一句环保广告语：你最后一次听到鸟叫是什么时候？

藏羚羊，会有最后一次吗？

多少盗猎、采掘、污染、过度开发，让青藏高原伤痕累累，满目疮痍。但是，“世界以痛吻我，而我报之以歌”，她像伟大的母亲一样，只是默默地忍耐承受，孕育出长江黄河，滋养着大半个中国。

对高原了解得多了，自然而然地会产生一种责任感，也许这种责任感还辽远渺茫，并不那么具体可触。

7

我从来不以为我们在高原做一个月的志愿者，就会给中国的环保事业带来多大的促进。但是，我们做了，我们用我们的良知，去呼吁去传播，总是会有一些回音的。如果，更多的人去做，回音会越来越响。

从青藏高原又回到了都市的喧嚣与匆忙，琐屑与庸常。

我会和这个社会妥协，或者说叫妥善协作。

即使离开了青藏高原，我还会去宣传，还会去呼吁，还会去做环保公益，尽自己的微薄之力。

但是，于我自己，唯一能做的是，我会尽力改变自己的生活方式。把对生活无限增长的欲望变为自我控制，只取所需，不取所欲。放弃一些便利与自由，比如以步当车，多用环保购物袋，少开空调，少用“一次性”物品，绝食野生动物，等等。

王小波说，“我对自己的要求很低：我活在世上，无非想要明白些道理，遇见些有趣的事。倘能如我愿，我的一生就算成功”。我们离成功还很远。

不着急，慢慢来，谁不是跋山涉水去相爱。

愿微风不躁。

我的支教生活

张　旭

1

毕业那会儿，工作一时没有着落，预备参加工作后干一番事业的雄心壮志被销毁得一塌糊涂，心情郁闷沉重，无所依傍，真是一点儿办法都没有，孤寂而落寞地在家里闲着，百无聊赖，心里发慌得厉害。

朋友来信告知，广西河池地区罗城仫佬族自治县的一所中学，有意请几位老师过去任教，希望我参考。我没来得及想什么，心中已经做出了决定。一直以来，其实我是渴望出去走走的，那时的我身上还残存着一些乌托邦的东西，对异地风情充满了浓厚的兴趣。那晚，我准备了一些自己的资料，并给广西罗城县琳州中学的韦校长写了一封言辞恳切的信，希望能到琳州中学去任教。次日就将信发出去了。

在等待韦校长回信的那些日子里，我一直在拷问自己对于支教的信心，我把那所叫琳州的中学想象得非常悲观，我脑海里老是闪烁着几个镜头：我看到一间破旧的平房被大山环绕，平房前面是零乱的操场，场子上面立着两个破旧的篮球架；我看到一台手扶拖拉机，从大山深处驶出，突突突地开在蜿蜒的山路上，车上挤满了男女老少各色人等，其中居然有我；我看到一个穿着少数民族服饰的少妇，背上背着一个蓬头垢面的小囡囡，小囡囡却有一双清澈无邪的大眼睛，她用惊慌的眼神看我，犹如看某个星球上下来的一个怪物……

我在心里反复问自己：那里通电了吗？用水是不是还要到很远的地方去担？韦校长会回信给我吗？

2

韦校长的挂号信函是在我发出信后的第10天飞到我手里的。韦校长开篇就说，来得早不如来得巧啊。韦校长说收到信的时候，他正在为高一年级的语文老师犯愁呢。韦校长在信中传递了一种非常热烈的情绪，希望我尽快动身赶赴广西。

当我把要去广西的消息告诉父母亲时，他们非常震惊。知子莫若父母，父母亲非常清楚，一旦我下了决心的事情，他们是很难改变的。父亲说，既然你都决定了，就去吧！母亲擦着眼泪去帮我准备包裹和路上要吃的食品。

坐汽车，转火车，再坐汽车，穿过白天与黑夜，穿越重重叠叠的山川，在路上折腾了23个小时之后，我到了群山环绕的广西罗城仫佬族自治县，一打听，知道琳州中学就在县城的北边，坐1块钱的柔姿车（就是改装成三轮儿，装有车篷的摩托车）就到了。

迎接我的是年轻的女教导主任谢老师，后来知道她是湖南人，到琳州中学已经3年了。谢主任带我去见韦校长，韦校长热情洋溢，决定当晚在自己家里为我接风洗尘，并要谢主任安排两位老师到时作陪。

韦校长年过花甲，子女们都已经成家立业，韦校长和老伴单独住在罗城县第一小学三室一厅的平房里。韦师母听说我是从湖北刚到的老师，很热情地从厨房里迎了出来，嘘寒问暖。

在罗城正儿八经地吃了第一顿饭，我领略了罗城独特的饮食文化。除非很隆重的酒宴，一般情况下，罗城人不用大桌摆席，桌子由两个曲尺形的木架组成，桌面上放菜，桌子中间留出四四方方的一大块，安放一个大的火锅。罗城的菜也是独具特色，主料放在火锅里，桌面上的菜根据需要往火锅里添，这些菜一律都是原汁原味，不放任何配料。罗城菜的配料单独做，厨师手艺的好坏全体现在配料上面了。配料用油煎制，油、盐、酱、醋、辣椒、大蒜、葱花、味精……一样都不能少，西红柿与香菜更是少不得的，正宗的配料里面都放。罗城人喝酒，不用杯，用碗，一碗一碗地干，一般喝当地自酿的米酒。喝酒必猜拳，烘托喜庆，意在必醉。猜拳的方法种类繁多，其中奥妙，非我所能道也。

3

正像我在家里所想的那样，琳州中学被大山环绕着，除了前面一个出口，两边和后面都是山。其实在学校与群山之间还有一些土地，当地农民种着庄稼，不过在学校里面看不着，被围墙给挡住了。

琳州中学不算大，甚至是有点儿小的，总共才10个班，却包含了从初一到高三各个年级。学校条件不算好，但比我先前想象的还是要强得多：教室虽然是平房，并不显得陈旧；黑板已经采用了玻璃钢质的；办公室里有一套音质差强人意的广播音响系统；操场不大，水泥地面，两个篮球架漆成深蓝色，好像是新植不久的，特别引人注目。

学校安排我教高一两个班的语文和历史，每周18节课，任务不重也不轻松。学生都是大孩子了，我夹在中间，分不出谁是老师谁是学生，所以我对学生说，上课时，我是老师，下课后，我们是朋友。

学生的底子都比较差，这也难怪。当时，罗城仫佬族自治县建县历史才不过10年，本族人口不到20万。罗城县总共有三所学校设有高中，罗城高中与罗城职中没录取，又想上高中的学生就到琳州中学来。

学生们知道自己的底子差，所以学习也上进，对老师也特别亲，尤其对我们这些外地来且年纪相差不大的老师特别好，我们谈得来，师生之间相处得非常融洽。如果他们在学习上有疑难会随时请教，逢年过节学生们会把家里好吃的东西带一些来，碰到节假日和庙会，他们会主动邀请我们去玩，或者带我们去游当地的风景名胜。

4

罗城秉承十万大山的灵气，得九万大山的精华，与桂林山水一脉相承，风景幽美，奇山异洞、茂林修竹，比比皆是，使第一次走出平原的我兴奋不已。

刚刚到罗城那会儿，人生地不熟，除了思念父母姐妹，别无牵挂，每逢周末，特别留恋罗城的山水，于是，三五个老师相约，有学生做向导，游玩于山水之间，常常乐而忘返。

罗城的怀群乡，当地人称“小桂林”，罗城人自豪地说：“桂林山水甲天下，怀群山水甲桂林。”怀群境内有穿岩，飘飘乎若吊桥，遗世而独立，有泉水从岩下出，汇流成江，名曰剑江，剑江十里画廊，不是桂林，胜似桂林。江水沿山势徐徐而下，清波荡漾，渐远、渐阔、渐静。剑江两岸的山奇形怪状，姿态万千，茂林葱茏，修竹苍翠，倒影如画，小木船穿梭其间，鸬鹚翻飞上下，让人想起清人纪晓岚的《钓鱼绝句》：“一篙一橹一渔舟，一个渔翁一钓钩。一拍一呼又一笑，一人独占一江秋。”妙不可言。只是现代人讲求效益，用鸬鹚代替了钓钩，但是那种捕鱼的古韵，那种意境，全出来了。

到小长安镇的武阳江上划水，情趣盎然。罗城的小长安镇，镇边有江，名武阳江，是迷人的崖宜风光所在地。武阳江两岸翠竹青青，奇峰异彩，江水清澈见底，江中水草丰美，游鱼如织，水底鹅卵石重叠，历历在目。江沿沙洲漫上青山，翠竹拥簇，常有痴男情女相约在修竹下走坡（“走坡”就是恋爱），草坡上牛羊散漫，哞哞、咩咩之音不绝。外地有人慕名而来，当地人从中发现了商机，做了小竹筏、小木船用来出租，5元钱租一条船可以玩上半天。我们有当地的学生带着，直接到船户那里借了船，租费也免了，徜徉在青山绿水里，那点儿尘世的私欲全没了踪迹。

罗城属典型的喀斯特地貌，绝妙的不只地上的山水，还有地下的溶洞。有一次与学生们去了罗城县县城所在的东门镇古耀村，村边有一座空山，堪称奇境。在外面看，山上林木蓊郁，与别的山并无异样，进得洞里，岩石千姿百态，千奇百怪，溶洞特别轩敞，头顶上的岩石好像只有一层薄薄的壁，正顶上自然形成一口圆形天窗，从洞里能够看到有飞鸟从窗口飞过，有白云从窗口飘过。地面平坦，足有几十亩地方，中央却有一条水渠，清冽的泉水淙淙地流淌，泉音清越，其绝妙难以言表。

我想，罗城的山水景致，如果离世人的视线再近些，离繁华再近些，在商人的眼中可谓至宝了，果真如此，那种原始的自然风貌也就会慢慢消失，到底说不清是好是坏，是福是祸了。

5

广西壮乡有唱山歌的传统，民间“歌仙”刘三姐，正是广西宜州人（宜州与罗城县毗邻，又一说罗城即刘三姐的第一故乡）。刘三姐的传说对仫佬人来说可谓耳熟能详，仫佬族也是擅长唱山歌的民族。每逢赶集的日子（三天一集），学校后面的山脚下，都会聚集很多的人，从30多岁到60岁、70岁不等，他们成群地坐在山脚的空地上，用仫佬土话唱山歌。

在教学之余，我经常会到学校后面的山脚下散步，我的心思常常会被山歌吸引。唱山歌的男男女女，只当我不存在，虽然我听不懂他们在唱些什么，但是我能理解他们的情感，我听到了一种天籁的声响在逼仄的空间里张扬，几十年也没有突出重围。

有学生告诉我，那些对山歌的人，年轻的时候可能是恋人，但是由于一些具体的原因，最终没能成为眷属。他们各自有了自己的家庭和生活，从此他们彼此怀念，无可奈何地守着各自的岁月慢慢苍老，他们利用赶集的机会坐在一起，通过山歌表达彼此愈久愈浓的朴素的情谊。

仫佬族人对情感的执着让我心生敬意，那种情感表达的方式是如此直接而热烈，使我对古老的仫佬民族文化多了一些思索。但我只是一个旁观者，我无法进入这种情感的核心里面去，我所有的想法终究是些不得要领的意识，既不能化解一段纠葛，也不能解释一段情缘。

年轻一代的仫佬族人大多不唱山歌了，他们用现代社会流行的情感表达方式来传递自己的感情，他们以完全不同于祖辈、父辈的方式走坡。也许，这是一件好事。

6

琳州中学的后面，有一块土地延伸到山脚，当地农民在土地上种着庄稼，春天种玉米，玉米收获后种上红薯。犁完了红薯的土地完成了一年的使命，留下枯衰的玉米茎与干净的泥土对峙，犹如某位西方油画家笔下的风景。

我就是在这个特定的时候听到“红薯窑”这个名词的。下午上完课，学生来到我的宿舍，说：“老师，我们一起去烧红薯窑好不好？”我笑问什么是“红薯窑”，学生就指了指学校后面的庄稼地，我看到一缕一缕的青烟在天空中慢慢散开。

我于是跟着学生去了。收获后的红薯地里，可以找到一些农民遗落的红薯。学生们把红薯找来，开始搭红薯窑，就是在庄稼地里用稍微大点儿的土块架设一个洞穴，然后用玉米茎来烧，把篷在洞穴上面的泥土烧得焦红，然后把红薯放进洞里，用烧红的泥土把红薯埋了，大约10分钟，熟红薯的香味就弥漫开来。启窑了，学生把最大的红薯递给我，红薯软绵绵的，已经熟得挺好，再看那皮，一点儿不破，一点儿不焦，稍稍一撕，便从头至尾脱下了。

红薯窑里烧出来的红薯，特别爽口，烧红薯窑的气氛又特别有趣，所以，当地里找不到红薯时，有的学生就从家里带红薯来，等有时间的时候拿到学校后面去烧。

7

仫佬族人的家里，香火上一律供奉“天地君亲师”的牌位，仫佬族人对老师的尊敬，在教育条件比较好的地方是很难想象的。这常常让我生出很多感动，也常常心感愧疚，像总有一根无形的皮鞭不断地抽打着灵魂，督促我尽心尽力地教授我的学生。

期终全县统考，600余名高一年级的考生中，我的一个学生语文单科成绩获得了第2名，这在琳中的历史上是罕见的。为此，韦校长还专门召开了一次表彰大会。

寒假，我没有回湖北老家，而是到山里面的一个镇上去玩，那个镇上有我的3个学生，我在一个韦姓学生家里落脚。晚上，学生家里用奶奶酿的封存的糯米酒招待我——通常糯米酒是在特定节日或有贵客上门时才拿出来喝的。晚上休息，他们把我安置在学生新婚不久的大嫂的新房里。仫佬族人至今还保留着“不落夫家”的婚俗，新人结婚，女方只偶尔回夫家住几天，直到生儿育女后才到夫家长期居住。学生的大哥在河池市打工，大嫂长期住在娘家，于是学生家里让我住他们的新房。

次日由学生带着，骑着自行车到处逛。下午到了乡下一位莫姓学生的家里，我们一行4人到学生家的木楼上吃玉米稀饭。木楼下面是学生家里喂养牲口的地方，猪牛羊之类的全关在里面，一股动物粪便的难闻气味直刺鼻腔，稀饭有些难以下咽。

学生家长当时正在地里干活，听说老师来了，学生母亲马上从地里赶回家来，要把家里唯一的一只母鸡抓来杀，我赶忙阻止，推说天色已经不早了，还要赶到20多里外的镇上去，饭就下次再来吃吧。哪知道学生家长执意要留我吃饭，莫姓学生也在一边劝我，见留不住我眼泪都跑出来了。同来的另一个学生对我说：老师，如果你不留下来吃饭，他们会认为你是看不起他们。

我决定留下来吃饭，莫姓学生马上擦干了眼泪，陪母亲一起张罗饭菜去了。那顿饭吃得有些苦涩，却非常温暖，我被包裹在一种情感的氛围里，我被仫佬族山民的纯朴感动得几乎要泪下如雨！

你好，新疆

——那个向着光亮的地方

肖维锦

赶路篇

时间：2017年7月23日　地点：成都北站—新疆乌鲁木齐南站。

依稀记得家人送行那天，没有往日在一起的欢声笑语，取而代之的是沉重和压抑。车子停在了离北站几个巷子远的地方，好像那天大家特别喜欢走路去拥挤的北站。我左手牵着外婆干枯的手，右手拽着妈妈的衣角，大家一路上压抑着心绪，直到同伴打来电话，我才猛然发现时间来不及了，还没取票……这时候全家人沉重而克制的氛围才被打破。时间有时真是无情，它不管你还是不是一个孩子，稍不注意立马给你改变故事结局，把你欠下的挥手道别，变成来不及，甚至还不起。我昂首挺胸、故作镇静地走向站台，听到家人的呼唤，我不敢回头，连挥手道别说“再见”的勇气都没有，甚至连一个微笑也没有留下。我怕什么？我恐惧什么？我怕一回头就看见家人已泪流满面，我要把最坚强的一面留给我的家人，我怕我会心软，会后悔，外婆跟父母的话一直在我脑海里萦绕。知晓被大学生志愿服务西部计划项目办录取到新疆后，外婆十万个不赞成，无数次哽咽着说："成都这么好的地方你为什么要离开？我怕失去孙女你。"父母一开始也不赞同，多亏平时父母的理念我信手拈来："你们不是说过'灵魂和身体总要有一个在路上，你所读过的书，走过的路，路过的风景，遇见的人会决定你的人生格局'吗？你们不是一直鼓励我'知行合一''读万卷书行万里路'吗？难道去新疆就背道而驰吗？"方法还是奏效，父母最后成了我去说服外婆、爷爷奶奶的同盟军。后来电话中知晓，送行那天，家人默默目送我的背影渐行渐远，直到看不见了才离开。

很高兴在火车上能遇到来自五湖四海的朋友们。大叔经历沧桑岁月后的人生感悟，中年妇女们的八卦闲谈，小孩儿们相互打闹嬉戏的童趣，天南海北的人们共享自己家乡美食的喜悦，同伴们游山玩水的乐趣……都让人感到时光是那么美好。也许你们不会再相见，也许对方还不知道你的名字，只须记住那年那月那天那列火车上，有一群同伴陪你走过了一段难忘而又美好的旅程，足矣。

培训篇

时间：2017年7月25日　地点：新疆农业大学

25日上午十点下火车，乌鲁木齐的炎炎烈日也抵挡不住我们飞奔到农大的心情。

当时更新了一条朋友圈：走出成都才发现新疆美食更养人。抓饭、羊肉、哈密瓜、酸奶、馕、大盘鸡……农大食堂应有尽有，只有大快朵颐，才能不辜负新疆的每一顿美食。

25日下午军训半天，军训的意义更多在于磨炼一个人的意志，锻炼适应环境的能力，培养服从命令的态度。晚上拉歌道别，从小学到大学经历无数次道别，农大这次却是别有一番滋味在心头。教官们最后的叮嘱意味悠长："天下没有不散的筵席，我们是在保卫边疆，你们是在建设新疆，我们同在，互道珍重。”接下来的四天集中开培训讲座。开班典礼上，教授从“疆”“志”“团”三个字入手，让我们更真切地了解新疆、了解自己的光荣任务，明确了如何做一位合格的志愿者，唤醒自己的使命。知道要了解过去的新疆，以及现在新疆的形势，要敢于发声亮剑，以更好地建设大美新疆。

联欢晚会上更是深刻感受到民族团结一家亲的浓烈氛围。来自五湖四海、各个民族的志愿者们欢聚一堂，载歌载舞。我深感，现在青春是用来奋斗的，将来青春是用来回忆的，唯有如此，方不负此行。

工作生活篇

时间：2017年7月29日晚　地点：托里鸿都宾馆

踏进托里，映入眼帘的是站在宾馆门口等候我们的上届志愿者挂在脸上的笑容。第一时间被告知分配到托里县政府团委工作，非常荣幸与三名哈萨克族的同事共事。上班的第一天，我醒得很早，习惯了大城市快节奏的生活，却不适应新疆的生活节奏。也许很多人觉得成都很悠闲，我想是你们不够了解悠闲背后的成都。成都的悠闲是忙碌奔波之后的放松，你看早晨的地铁站，忙忙碌碌拿着早餐的人们蜂拥而至，你看上班高峰期纹丝不动的堵车场景……与之相应的是退休老人们的下午茶、麻将、广场舞等。只有等到晚上，上班族们才会脱掉忙碌的外套，游走在成都街头，享受属于他们的悠闲。而新疆的悠闲是全民悠闲，新疆的生活节奏真的很慢很慢，单位、机构、商店……大都早上十点上班营业，路上的行人迈着轻盈的步伐，不慌不忙，穿梭在大街小巷。

新疆的气候以前只是在地理课上听老师讲过，身临其境后才感受到什么是“痛的领悟”。托里一天之内就可以经历四季变化。高中课本上提到的阿拉山口的风，此刻也是真真切切领略到了。也许是在内地养成的习惯，不管在街上还是在上下班路上，我总要打伞，但似乎只有我的太阳伞在托里空中摇曳。非常敬佩当地人豁达包容的心态，他们非常感激大自然给予的馈赠，非常乐意去接受，去感悟阳光给予的温暖和光明。

时间：2017年9月2日　地点：托里

在古尔邦节期间，哈萨克族同胞们的热情好客展现得淋漓尽致。来新疆之前从来没有与哈萨克族人接触过，后来才知道是自己道听途说的偏见，加大了彼此的隔阂。他们很淳朴，很简单，很真挚。在帕丽家做客时，他们把我们当成最珍贵的客人，她爸爸妈妈给我们提供独立的空间让我们聊天，无拘无束地品尝美食，这种不打扰的修养让我跟酸儿刮目相看。帕丽说："你们独在异乡，肯定特别思念家乡亲人，倒不如趁着节日来我家做客，感受家人的温暖。"知晓我跟酸儿爱吃果酱，临走她还特意为我们装上一瓶自己做的纯手工杏子酱。帕丽全家人一直给我们挥手道别，微笑着喊着"欢迎常来做客"，直到我们的车在视野中消失。我们的心被这种原生态的淳朴善良所触动，久久不能释怀。

时间：2017年10月4日　地点：老党校

中秋节那天，思家恋亲之感油然而发。那一天托里的天空飘着朦胧的小雨，我从雨中走来，步履深深浅浅，打湿的衣角翻飞着一路的孤寂。新疆的月夜，余光载着我的心船，一路漂到了家乡。二十多年来第一次独自在异乡过中秋节，不禁思绪万千。既当不了思想的行者，但可选择成为行走在自己道路上的使者，灵魂和身体总要有一个在路上。忠于选择，愿服务新疆志愿者工作换此生的无憾。成长路上，不是每个人都会陪你走完一生，此后要学会坦然面对，接纳更多未知的东西——悲欢离合的滋味、魂牵梦绕的乡愁、聚散无常的人生、枯燥烦琐的工作……志愿者的工作虽然烦琐，但是让我真正知道了什么是"忙并快乐着"，虽然有时有看上去无法克服的困难，但是回头看看自己走过的路，不是也迈过来了吗？我开始学会调整自己的心态，无数次安慰自己，当在志愿者开展工作中发觉越来越困难时，那证明人生在走上坡路了，说明自己提升空间很大；每刻都要相信没有过不了的今天，只有到不了的明天；成不了自己心态的主人，必会沦为情绪的奴隶；人生没有白走的路，只要肯迈脚，每一步都算数。作为一个志愿者联络员，我学会了怎样主动去跟每一个志愿者交流、谈心、相互鼓励传递正能量。最后我还要感谢家人、老师、朋友一路上的支持、相伴、信任和鼓励，有了这些，才有了今天的我。“到西部去，到基层去，到祖国和人民需要的地方去。”这句口号时常在我耳畔回响，只求不忘初心，但愿落幕无悔。

时间：2017年10月5日　地点：团委办公室

回顾来团委工作两个多月的时光，非常感谢团委的工作，磨炼了我的意志，丰富了我志愿者生涯的阅历，让我在行动上锻炼了自己的能力，在思想上政治立场更加坚定。我深刻认识到了自己的使命和责任，亲自策划组织了连自己都认为不可思议的活动——组织志愿者们召开了“一学一做”组织生活会，组织青少年学生、大学生志愿者举办网络宣传活动以及演讲比赛。看到每一个人脸上的笑容，我觉得那是对自己最大的回馈。

我愿做一棵胡杨树，一半扎根在新疆的泥土里，一半在风中飘扬。那个向着光亮的地方，有你，有我，有新疆。每天的新疆，每天的故事都不一样，愿踏上新疆志愿者之路，此生不被辜负。

雪寒不问风，志愿不言终

袁 畅

屋里的灯蓦然亮了，它无声地宣布了来电的消息。这里总是这样，电，时断时续。而北风却总是不辞劳苦地裹挟着远方的寒意，狂吼着翻滚涌来，似乎片刻不曾停歇。转眼间，我来到这儿，已经快一年了。

在松潘县，我没有见过华丽的衣裳，也没有见过灯红酒绿，每每回想起这个地方，脑海里依稀能够浮现出的地域名片，便是藏袍、喇嘛和那句“扎西德勒”。严格来讲，在“松潘”这个地理名词之前，应该再加上一个前缀：阿坝藏族羌族自治州。或许是因为自己一直生活在平原，我对这个地名概念全无。若不是支教的机遇，我想，大概此生亦无缘涉足这处高原山川。

仍记得我的支教生活，是在2016年的8月拉开帷幕。26个小时的火车加上7个小时的大巴车的颠簸行程，把我从平原一下子送到这个海拔近3000米的地方。刚一下车，一阵猛烈的耳鸣和眩晕便满怀着恶意，重重地袭击了我。上一秒我那“征服高原”的豪言壮语还未消匿，下一秒就变得苍白无力，如同一个笑话。在松潘度过的第一个难眠之夜，我甚至打开手机地图，盘算着与家的距离。此后每当路过清晨的校门口，每当我横跨岷江上那座桥时，就会想家。

一个月后，支教生活正式奏响序曲，起初的不适感渐渐消散，我也悄悄地摸清了这里天气喜怒无常的脾气。明明中午还是阳光灿烂，到了下午便忽然一阵妖风，旋即昏天黑地，不出半个时辰，眼前已然是白茫茫一片，那突如其来的鹅毛大雪将一切喧嚣抹成宁静。每逢风云任性起来，一言不合便降雪示威，我也见怪不怪，学着像当地人一样了然一笑。

也许你会说，款款飞雪落青山的景象挺美的啊，然而生活却非处处诗情画意。

去年，我专程去了一趟在汶川大地震中化为废墟的映秀镇，参观了重建后的映秀漩口中学。亲临这个新闻报道中提及的受灾中学，看到眼前坍塌的学校建筑废墟和巨大的时钟如死一般沉寂，却又痛诉着灾难的无情，我似乎听到了生命微弱的喘息，似乎看到一幕幕生死离别的场景，心中犹如刀尖刺痛。刹那间，脑海中涌现出我支教的学校教学楼上面，高高立着的“安徽援建”这四个大字，没错，我支教的地方也受到了那次地震的波及。我的眼前出现了2008年第一批志愿者的 “心连心课堂”，仿佛又看到一个又一个用鲜血书写的请愿书，这是志愿者前辈们冒着生命危险换来的明亮的教室。此时此刻，此情此景使我油然而生出一种感慨，一种激动，仿佛是刚刚来到松潘那天的目眩神迷，但又坚定无比，是志愿者的使命感让我的身体顿时充满力量。

忽然一声询问打断了我的思绪：“你一个人吗？来这里做什么？”

“我是松潘中学支教的志愿者，我想看看这里。”

“谢谢你，谢谢你来帮助我们。”

我再也控制不住自己的泪水，我想，这就是我来到这里支教的意义。

寒风在川西北高原上呼啸，然而我的支教信念丝毫不会动摇。伴随着它从未间断的吼声，我真正体会到了支教的不易。

我在松潘中学担任高一年级的美术老师，每周要给7个班上美术课。刚开始我还沾沾自喜：“美术嘛，又不是必修的考试课，应该没什么压力。”可是自从站在那三尺讲台上的第一天起，我便明白自己错了。

我问他们：“以前上过美术课吗？”

从他们怯生生的眼睛里，我似乎看到了答案。

我问：“你们对美术了解多少？”

他们也就只能从课本上知道凡·高、齐白石、徐悲鸿等画家。

当我要求他们拿起笔去思索想要画些什么时，一张白纸上往往得到的只是茫然。看着大山里高中生笔下粗糙拙劣的作品，甚至远远不及天真蒙昧的儿童画，我不觉心头一凉。也有人说，美术是副科，对于这里的孩子来说无关紧要。然而我坚定地摇摇头，要知道，在这样一个山区的县城高中，这样的寄宿制学校，除了课间操以外，孩子们没有多少课余生活，单调的学习环境使他们的想象力无处释放，长期积压的青春情感更是无处表达。如此想来，一周仅有一节的美术课就显得弥足珍贵，它不仅仅是孩子们繁重课业之外的一方桃源，更承载着他们对未来的多彩幻想。

于是，我决定用自己的美术教学让他们沉浸在艺术的世界，多给他们一些熏陶，开拓他们的视野。每次课程，我都会安排一些特殊的内容，比如带着他们看纪录片，画手绘图，给他们讲中外著名建筑景观设计……我竭尽所能想要为孩子们开启一扇小小的艺术之窗，希冀着外面的五彩世界能够激发他们走出大山的渴望。

时间总在悄无声息地溜走，与同学们说“再见”的日子也慢慢临近。在支教剩下的两个月里，我将肩负着志愿接力与大爱传承的使命，在海拔3000米的川西北高原上，继续谱写青春的故事，坚定不移。

寒风扑面的日子里，难忘无止无休的大雪。窗外又起风了，我想，明早的山头又要白了吧。

这个冬天，不会再冷

华正文

又是一年的十一月，这对于南方很多地区来说还是一个温暖的时节，然而太原的温度却已经到了零下。很多人开始套上了秋衣秋裤。现在我们设想一下：如果我们没有保暖的衣服，该如何熬过即将到来的冬天？我相信很多人会说：怎么可能？过冬天不穿棉服，那穿什么？但是你可曾想过，离我们较远的大西北地区，很多人在冬天来的时候根本买不起棉服，他们该如何度过这寒冷的冬天！

那是院系里面组织的一次观影活动，内容是关于我国山区的孩子。那里的孩子没有冬季御寒用品，更没有我们不以为意的学习用品。他们有的只是对知识的渴求，对冬天的恐惧。我记得有这样一个片段。一个小男孩身上穿着不知道多少处补丁的衣服，在破房子中冻得瑟瑟发抖地问妈妈：“妈妈，我在地上已经写好1到100这一百个数字了，我什么时候可以上学啊？上学了就可以穿新衣服了呢！”孩子的眼睛瞪得溜圆，等待着妈妈肯定的答案。妈妈满眼泪光却镇定地回答说：“好好好，娃儿真乖！等娃儿再写一遍啊，就能上学了，妈妈就给娃儿买新衣服穿！”孩子高兴得又蹦又跳，而母亲却满面愁容地望着镜头。这时镜头突然一转，转向了主持人。主持人满是同情地说：“这样的话不知道这位母亲已经说了多少遍，也不知道这位母亲还会说多少遍。如今，我们只希望有好心人可以帮帮孩子们，至少让他们的冬天不会太冷！”看到这里，我哭了。不是因为懦弱，而是因为我想到了我自己，想到了自己小时候在垃圾箱里找衣服穿，在养老院蹭别人的床铺，靠政府和好心人救济的生活。想到这里，我决定尽我所能帮助这些可怜的孩子们。

一次偶然的机会，我了解到山西大学“善行100”这个活动，我果断地加入到了其中。因为我知道，祖国的大西北有人正在需要我！

那是一个平常的星期六，气温零下3摄氏度。那时，天刚蒙蒙亮。我们一行二十几个人早早地来到了公交站牌前。我们的据点定在了长风街附近的一个邮政储蓄银行。长风街是太原市相对繁华的一条街道，车流量人流量都很大，我想，在这里应该可以要到很多钱吧。

我和一个老乡分到了一个组，我们穿着中国扶贫基金会赠予的志愿者服装，戴着胸卡，拿着捐款箱，活动由此开始！

八点正是上班高峰期，但由于天气原因，路上的人流量并没有想象中的乐观。由于第一次参加这种类型的志愿活动，我们两个人面面相觑，谁都不愿意开口。这时迎面走来一位中年人，我跑上前去，开始与他搭话：“哥，我是中国扶贫基金会的志愿者，正在给山区的孩子们筹钱买衣服，现在冬天来了，希望你能奉……”话还没有说完，中年男子就打断了我：“你有钱，你捐啊，和我有啥关系！我可没时间和你在这里胡闹，你快走，不然我可要报警了。就你们这两个小孩崽子还出来骗人，真有意思！”我当时真的想告诉他，我不是骗子，我真的是一名志愿者！这时，懦弱告诉我：华正文，你不行，回学校吧！就算你回学校也不会有人埋怨你的，而且就算你留在这里也不会有人相信你的！走吧！

我无力地坐到地上，把头埋在了双腿中间，拿树枝在地上乱画。此时，一旁安静的老乡大声地对我说：“华正文，难道你忘了孩子们也拿树枝在地上写字了吗？你忘了孩子们在房子里冻得瑟瑟发抖了吗？谁说要为孩子们贡献绵薄之力的？难道这点儿困难你就怕了吗？”我从未见过她如此认真！如此坚定！没错，老乡说得对，我们的放弃意味着又会有孩子穿不上棉衣，用不上蜡笔！为了孩子们，我一定可以的。我抬起头望向天空，告诉自己：华正文，你可以的。阳光有些刺眼，而我仿佛看到了孩子们那天真的笑脸！

我迅速站起来，整了整衣服，准备再次出发！走了不久我们就碰到了一位白发苍苍的奶奶，带着小孙子在逛街。这一次老乡主动上前：“奶奶，您好，我们是山西大学的学生，同时也是中国扶贫基金会的志愿者。冬天就要来了，您的孩子已经穿上了棉服，然而很多山区里的孩子没有棉衣可穿。您能不能奉献一下您的爱心？无论多少，我们都表示感谢。”奶奶先是一愣，而后从兜里掏出了十元钱，对身旁的孩子说：“孙子，冬天就要来了，天气慢慢地变冷了，你有衣服穿，可很多和你同龄的小朋友还没有呢！我们给他们捐一点儿爱心，好不好？”孩子拿着钱慢慢地走到我们跟前，双手把钱投入到了我们的箱子里。那一刻，我看到远处的奶奶笑了。

当我们准备离开的时候，奶奶对我们说：“孩子们哪，感谢你们这么冷的天还从学校跑出来，为山区的孩子们筹集善款。相信有你们的存在，山区的孩子们冬天就不会冷啦！”我们微笑着告别了奶奶。我想，每个孩子都可以温暖地度过冬天，可能是每一个“善行100”人共同的心愿吧！

有了奶奶的鼓励，我们有了更大的动力！我们走街串巷，从不歇脚。筹集到钱固然高兴，就算被拒绝我们也可以坦然接受。时间一分一秒地流逝，就这样，一天充实而又忙碌的工作，在下午四点左右宣告了结束。我们倒出了钱箱里所有的钱，面值大的有100元的，有50元的，面值小的有1元的，有5角的，甚至还有1角的，我们一张一张地数着，生怕遗漏。一天时间，我们共筹集到了334.7元，这些钱将全部用来给孩子们买衣服，买文具。想想孩子们穿上衣服后该有多么高兴！想想孩子们可以拿蜡笔尽情地描绘自己的梦想时有多么幸福！这一刻，通红的不只是手和脸蛋儿，还有眼眶！

4天共计31小时的志愿之旅，在不知不觉中就画上了圆满的句号，在这短短的31小时的时间里，我和同伴共筹集到了902.7元。这其中100元的共计2张，50元的共计3张，20元的共计17张，10元的共计11张，5元的7张，1元的67张，5角的1张，1角的2张。我和同伴也因此获得了由中国扶贫基金会颁发的一星级证书。

在这短短的1860分钟里，我们无数次被说成是骗子，无数次被拒绝，无数次想过要放弃，然而每每想到孩子们拿起树枝在地面上写字这个场景的时候，我们的心又更加坚定了。它时时刻刻在提醒我：不要放弃，你承载了别人的梦想，他们想上学，他们在等你！

在这短短的111600秒里，我见到了很多人：商人、公务员、老人、孩子……很多人从我的身边走过我早已忘却，然而有一位老爷爷却深深地刻印在了我的脑海中，让我久久无法忘怀！

那是一位年过古稀的爷爷，他在马路对面听到了我们的活动宣传，特意从路对面过来。那天下着大雪，爷爷腿脚又不是很方便，但爷爷并没有放弃，他一点儿一点儿地从马路对面挪了过来。爷爷对我们说："孩子们哪，咱们这个钱捐向哪儿啊？""爷爷，是这样的，您把钱捐到我们这里，我们统一采购美术包和温暖包送给山区的孩子们！您可以选择具体送到哪个省哪个县的。"我解释道。"好！"爷爷一边说着，一边颤颤巍巍地从兜里拿出了一个小布包似的东西，原来那是一块包了整整一沓钱的手绢！里面有十块的、五块的、一块的，还有五毛的。看得出来，那是爷爷平时自己都舍不得花的钱。爷爷说："我也没多少钱，就捐这些吧！我这条命都是国家给的，现在山区的孩子需要我了，我不能不管！可是我就这么点儿钱，唉，老了，老了！""爷爷，没事的，您的爱心相信孩子们会非常感谢的！"我们一边安慰爷爷，一边进行着数钱工作。当我们数完钱抬起头望向爷爷的时候，才注意到爷爷早已远去，留给我们的只有那高大的背影！

我多希望时间可以记录下这温馨的一刻，把它变成一张照片，而这张照片可以装进漂流瓶里，漂流到山区孩子的手中。我多想告诉他们：冬天就要来了，天渐渐冷了，但你们不要害怕，更不要放弃自己，因为有人在为你们的温暖而不懈努力，不懈奋斗！虽然你们可能不知道我们的名字，但是没关系，至少我们都有一个共同的名字，叫中国人！

志愿服务不是一种义务，而是一种爱心的传递。赠人玫瑰，手有余香。还记得春运时的那些志愿者吗？他们难道不想回家团圆吗？不是的，他们不回家，是为了让更多人平安地回家！当我们从事志愿活动的那一刻起，我们就被赋予了一个伟大而光荣的称号：志愿者！现在，对，就现在，让我们为中国所有的志愿者奏曲，为中国更美好的明天引吭高歌！

诗 歌

天使之恋

——给“最美乡村医生”钟晶

贾文华

不奢求安逸、护佑
只想把心间暖流
输给结霜的手
眼神，耳畔，指肚
都是听诊器的窗口
凝眸，谛听，探究
只为生命走廊铺路
石罐，药架子，工具书
是独创的医疗建构
每天你都沿着这座堡垒
向病魔进军，给平安开路
没有壮美的典故
时常风雨无阻
穿行于深山老林的送医路
纤小的身材
背负盛满中草药的背篓
牌坊边树木熟知你身影
校场坝月光最懂你脚步

你以春夏秋冬的执着
走出美德与医术镶嵌的坦途
油菜花般美丽的心灵
融进晨曦中的花溪水
辉映黄昏里的吊脚楼
生活在太阳底下
你无比知足
作为布依族女儿
更是前世修来的福
你就将这份恩德
看得重于天地
汪洋也无法弥补
滴水的救赎
你就无怨无悔坚守
你就默默无闻忙碌
你就废寝忘食付出
空巢老人的药
留守儿童的病
如同纲目，烙在心头
这些年，光顾得龙河村的乡亲
忽略了远在首府的丈夫
每当想起在贵阳幼儿园的女儿
正搂着大白兔做着思念妈妈的梦
你的胸口，总是针扎般地痛
可是，面对无数双渴求的眼眸
儿女情长，总被这无疆的大爱征服
点滴，配药，听诊，消毒

你像在前沿阵地冲锋
挥汗如雨，灵动似风
小小身体迸发的能量
像不可抵挡的强光
龙河村的小河因你更清
龙河村的天空因你更蓝
龙河村的原野因你更绿
龙河村的花朵因你更鲜
因为，你将天使之恋
洒满相濡以沫的大山

昭觉土豆

麦 笛

这里的夜那么黑，那么厚
所以昭觉出产月亮
也出产土豆
大凉山是大土豆
小凉山是小土豆
更小的是
小学校里的阿依木呷

月亮哺育星辰，大路套小路
乌斯河连美姑河
每根藤蔓下都结满了土豆
每个土豆都朴实得让人心疼
嫁接进山来九个月了
志愿者周黎说，自己也变成了土豆
因为在川大读了研究生
所以才叫马铃薯

十　年

——献给青年志愿者

蒋雪峰

十年
垮塌的青山重新返绿
堵塞的河道已被疏通
千帆竞发
驶向中国梦的港湾
十年
伤痕累累的城市
旧貌换新颜
打开门
让春天进来
被地震重创的一切
在愈合，在新生，在灿烂

十年
你们抬过的伤员
站了起来
十年
你们教过的孤儿

走进了大学教室
并开始了自己的生活
十年
你们教他们叠的纸鹤
伴随他们的理想
使劲在飞
你们教会他们的歌
他们在心里
一直在唱
十年
多少大山里的孩子
用你们铺垫的路
走出大山
你们清洁过的江湖
被继续清洁
消除过的阴影
不再重现

在汶川、北川、安县、江油……
这些被地震灾难
推入噩梦的土地
被你们青春热血
一年一年地温暖
多少人
正在加入你们，成为你们
你们有一颗心
温暖不散

你们有一只手
青春常在
你们有一只鸽子
那是善良、奉献、担当
在最偏远最需要的地方
扑棱着翅膀
送去阳光

这天地间最美的风景
善行天下，青春做伴，容颜不改
十年
二十年
直到永远

西藏志愿者：雪山之上，太阳之下

史映红

1

青藏高原，人间杰作
300万平方公里的广袤
世界上海拔超过8000米的5座雪峰
在你怀抱
地球上海拔超过7000米的70多座雪峰
在你心间
世界上海拔超过6000米的数千座雪峰
在你心田
祁连山，昆仑山，唐古拉山
冈底斯山，乔戈里峰，喜马拉雅山
是你
活力四射的儿子
而你
是世人仰望
世界瞩目的
高处的太阳

2

青藏高原，屹立的母亲
长江在你身躯孕育，成长
黄河在你子宫着床，分娩
澜沧江从你身体分离，出走
怒江从你躯体离开，长大
雅鲁藏布江和你挥手告别
一路向远
不曾回首
泪湿天涯
哦，英雄母亲
你的生命
你的乳汁
你的血液
你的爱恋
穿越十万里沟壑
走过八千里风雪
向下、向远
向东海、南海
向天际
奔涌，咆哮
飞撞，倾泻
跨越历代王朝更迭的脚步
飞越春夏秋冬反复轮回
走过无数风花雪月轮转

照耀雪山儿女5000年梦想，和
汗水里晶莹
泪水里智慧

3

青藏高原，美艳的阿妈
青海湖，班公湖
玛旁雍错，扎日南木错
纳木错，羊卓雍错
天上的涟漪
极地的梦幻
人间的碧波
内心的清澈
有的是度母打碎的明镜
有的是天女沐浴的圣池
有的是佛祖悲悯的泪水
而我，更想看作
中华民族沧桑历史的映射
有春秋，秦汉
有屈原的悲愤，岳飞的长叹
有唐朝的明月和诗歌
有李广的弯弓，霍去病的长车
有宋元的烈马和刀戈
有林则徐的销烟
左权的大刀

4

有一种生活
没有经历就不知道其中的艰辛
有一种艰辛
没有体会就不知道其中的快乐
有一种快乐
没有拥有就不知道其中的纯粹
有一种海拔
没有攀登就不知道其中的艰险
“西部计划西藏行”起于2003年
至今
6000多名志愿者，就是
6000多个豆蔻时光
6000多枚欲放花蕾
6000多缕喷薄朝阳
6000多堆燃烧火苗
6000多颗跃动的赤诚之心
6000多个向着太阳的笑脸
6000多个披星戴月的身影
6000多个炎黄的传人
6000多个不甘平庸的青春
从大江南北来
从漠漠边疆来
从西子湖畔来
从四面八方来
在雪域高原集结

在地球之巅起航

雪山之上，太阳之下
每登高一步
把雪峰当成梯子
瞬间
起点，便是高点
高点，在珠穆朗玛峰之巅
起点，便是高点
高点，设在地球之巅

5

130万平方公里的西藏
可否是青春的面积？
8848米的珠穆朗玛峰
可否是青春的高度？
2200公里的雅鲁藏布江
可否是青春隽永延伸？
6000多个蓬勃的青春身影
来自北京召唤，和
共青团中央指引
北京，首都
首都，北京
都知道
装的是960万平方公里民众的希望
装的是老少边穷的艰难、艰辛

装的是14亿人民伟大复兴的梦想
装的是精准脱贫的艰巨任务
比如青海，云南
新疆，宁夏
比如甘肃，贵州
日喀则，山南
比如阿里，林芝，昌都
林周，墨竹工卡，达孜
还有乃东，南木林，墨脱

这里山高望不到顶
这里水长望不到头
连绵群山之间
浩浩时空之隙
茫茫星汉之中
那些卑微，渺小
隐忍，坚持
那些奉献，互助
团结，帮扶
是每一个志愿者
对极地之上的爱
对太阳之下的爱
对故乡之外的爱
对北京之远的爱
对列祖列宗的爱
对共和国的爱
对56个民族的爱

6

伟人说
孩子是早上八九点的太阳
伟人还说
抓教育，要从娃娃抓起
雪山的孩子
是在格萨尔传唱中出生的
是听着松赞干布金戈铁马的故事成长的
他们耳际
没有离开高僧大德的经韵
没有离开卓玛的天籁之音
没有离开牛哞羊呼的悠远
没有离开藏獒低沉的警示
西藏的孩子
目之所及
是磕长头踽踽独行的信徒
是持经轮旋转的阿爸
是捻佛珠诵经的阿妈
是经幡猎猎风马飞扬
内心清冽
像拉姆拉错湖水
一目见底
内心剔透
像卡瓦格博之巅的冰雪
一瞥耀眼

7

来了
看，校门口
一个个风华正茂的哥哥姐姐
一个个青春飞扬的男老师女老师
与幼小的心，激情相拥
自此
格桑梅朵与西湖垂柳牵手相连
青稞麦穗与江城荷花牵手相连
飘扬风马与龙城槐花牵手相连
锡林郭勒绿洲与藏羚羊牵手相连

西部计划志愿者，有
壮，土家，达斡尔，回
彝，仡佬，畲，布依等
约十个民族
这个行列，有
哲学，法学，工学
文学，管理学，艺术等
数十个专业
这些遴选的精英
在不同岗位
熠熠生辉
“冬天里的益把火”温暖人心
“高原书屋”遍地开花
“庇佑呵护关爱行动”深入心灵

“手拉手笔友计划”硕果累累
“爱心中转站”成绩斐然
“一对一帮扶”手相牵，心相连
“弘扬传统文化，诵读国学经典”字正腔圆

8

双脚埋在茫茫深雪
内心藏在连绵雪峰
日子在大雪之后的草场延伸
汗水在牛羊行进中游走
藏獒高高低低的怒吼
写成极地之上的历史
绘就太阳之下
一个民族的颜色，和
心灵的图腾

法号声声
古老民族在星月下起步
六弦琴悠悠
太阳的儿女在望果节跳跃
这韵律，节奏
这闪转腾挪
与“西藏志愿者”完美对接
这时候，志愿者
在田野，工厂，草原
车间，机关，院校

把爱捧起来
把心捧起来
把汗水捧起来
把希望捧起来
把明天捧起来
把未来太阳捧起来
把雅鲁藏布江捧起来
把雪山之上捧起来
把太阳之下捧起来

9

青藏每一块土地
洒下志愿者，滂沱汗水
累累真情
让爱变作硕壮的种子
让种子茁壮成友谊的禾苗
让禾苗葳蕤成广阔的庄稼
让庄稼绽放成艳丽的花朵
让花朵变作幸福的蜜糖
让蜜糖成为老百姓365个日子
让这些日子
再凝结成爱
凝铸成力量
凝铸成哈达
给青藏高原戴上
给首都北京戴上

10

“西藏志愿者”行动15年
6000多名拜访太阳的人
6000多名拜访地球第三极的人
6000多名与珠穆朗玛峰比高低的人
我把你们的名字：
马力，陈熙，马万玲
党李丹，刘闫，胡向磊
任鹏飞，刘斯康，侯凤超……
和奉献，友爱，互助，进步
与第一粒青稞一起种下
与第一枚格桑花一起初绽
与第一朵雪莲花晶莹山巅
与第一缕朝霞温暖大地
在云中，风中
在雪中，雨中
让层层叠叠的真情
载歌载舞
在山巅，牧场
在湖边，河边
让厚厚实实的汗水
百炼成钢

爱撒无声的世界

——写给听障儿童

王克波

1

我的小时候，最是渴望春天快快活过来
唤醒枯萎的万物，冻死的鱼及缝合
满脸猩红的裂纹和耳朵的冻疮
幸福是水果糖的甜，却也伴随着
白瓷碗中糟糠的涩与苦
但我的小时候，却是有着最精彩的声音
自北往南追寻，成了五彩的理想
迎着朝阳和你举手致意
轻盈柔月，在安静的椰城翻找
第一次身着蓝色的马甲，走进你无声的世界
清凉的晨雾沾满匆忙的脚印
初见，我想了十几种方式与你开始
却不料，不懂你的我，手足无措
你那直勾勾的眼神，仿佛在说
“你好幸运，能与声音做好朋友
原谅我，听不见世界
原谅我，没见过声音”

2

你大大的眼睛把我的思想捆绑
轻步快移，想要抱住你
不曾想，你却挥手直击我的脸庞
让我浑身无处安放，甩一甩满额的雨
脚下满是焦急，我想可能是我的方式
吓到了你，稍许
轻声、零打碎敲的话语从嘴唤起
——“姐姐”
那是纯粹的欢喜与温暖
稚嫩而纯洁的声音，如同破土的
醇香、回音，醉倒了心灵
我深爱的星星的孩子们
紧紧抱着我
悲恸的泪水，无声地滴落
那丝丝委屈如青烟般随风而去
后来，我把你当作坠落凡间的星星
你把我留给月亮，同枕一片星空
便这样，你我常驻心里
我在夕阳下唱着小时候的歌谣
握起你的小手，情缘便起
我们笔下的漫画，唤醒筑梦的家
康复训练、欢快的游戏、轻声的细语
在你童真的世界，创造一个王国
渐渐携手远去……

3

当阳光绽放一朵朵百合
我便在岛屿的校园间徜徉，慢慢聆听
佯装听不见你们调皮的笑声
三年陪伴时光瞬逝，我的心酸酸的
虽然我即将远去，但我的思念不会游离
不用哭泣，还有他们会接替我爱着你
他们身穿，蓝色的马甲
愿化身一舟帆船，撑一支帆影
在你无声的心海，带你追寻梦的踪迹
那梦与你，可钓、可望、可劈风斩浪
愿化身一把有温度的伞
以免雨水打湿你远眺的目光
以免骄阳烧灼你想飞的翅膀
愿化身一簇夜空星辰
陪你们，这群星星的孩子
在浩瀚无边的夜空中，点亮星光
安静的时候，思绪会越过藩篱
旧的时光在窗台卷起
青鸟携着羽毛，飞向远方
还请你们在无声的世界，豪放地飞翔
因为辽阔的中国里，有爱为你释放
富强的中国在释放
健全的政府在释放
蓝马甲志愿者在释放

你那最爱你的亲人，也在释放
最终，你会迎来光明与远景
充斥着那一群无声生命者的精神——
在第二世界，寻找生命的底蕴，胜过有声

把幸福给你

——记默默无闻的他们

韦　莎

一个人用陪伴来告白人间

二十二年，孝善孕育出温暖的力量
二十二年，节俭医治无助的目光
一个志愿者，把月色打磨成发光的灯盏

一个没有心肠的城市，手脚冰凉
干涸荒芜的边疆，有一群人熬干了血液
从身体里掏出肋骨，暗夜里，为孤寡老人掌灯前行
一条河，一年四季都润泽整个西北角的天空

边塞之地，在甘肃苍白的鬓角上
我还在寻找一个叫养老院的地方，像故乡
它躲在山水的眉宇之间，像一个落汤鸡，瑟瑟发抖

三月春风，四月雨水，七月，一个志愿者
在种桑养蚕，谁默默耕耘，用爱涂抹养老院的雪
一个人，与世隔绝，用孝善雕饰一个民族

他七十八，一颗心如孩童般，需要陪伴
他二十八，正是美好年华，一根脐带缠绕院子
一条没有血缘关系的河流，荡涤灵魂
人间至善，在一腔月色下微微跳动
他不是神医，不会号脉扎针，只是沉默
把一切细微之处推向了院子里的人
枯瘦的脊梁，捋直了倾斜的天空
花白的发，染白了八月十五的月光
其实，在一片青虫遍布的土地里
只有手掌里的爱护，才能诊治庄稼
才能戳痛一个国家的乡愁

他在养老院门前的树下，躬耕一场春雨，像种一株花
孤寂养肥了土，寒冷喂饱了体温
只等一声惊雷，迎来一个春天

向一个连续献血五十年的人致敬

他不算志愿者，甚至连名字都藏在了笔尖
一辆献血车，一个紧急号召，他就出现
他不是军人，五十年，脊背已经弯曲
流淌在他身上的血液，却有一种笔直的毅力

在急诊室面前，他匆匆赶来的身影
擦亮了夜空的星光，为人间大爱添一寸亮
散落在街道上的吆喝，是他一叹三折的悲悯
一滴鲜红晕开的涟漪，润泽枯槁的血脉

嘹亮沙哑的喉咙，对于生命，有着不可阻挡的力量

一个城市的血液已经过于浓稠，需要新的源头
人群在休克的危险中，与一方山石相濡以沫
在献血车面前，他匆忙的脚步慢了下来
手臂上清晰可见的血管，在他身体里伏笔明天
春色在他的心跳里繁衍，所有的细节都与血液有关
所有的雪花，在他眼里，都自带清香

紧急广播在一个缺血的国家里极速飞行
汶川2015年的月色下，一些血管嗷嗷待哺
有一个年过半百的人，半夜惊醒，去寻问献血渠道
把红枣吃腻，把汤熬浓，为了增加一毫升而努力
当看到血液从管子里流出的时候，他的目光
有着荣归故里的骄傲与自豪

脚步擦拭着青石板，身体淘洗一束光
流动的红色，催熟了贫穷的脉搏，让一地腐烂
在月色升空之前，全都烟消云散
他做着关乎热血的事，如战士的刚强
他有十毫升的容量，三毫升就属于一个民族
他用三毫升的血，暖化了七毫升的冰凉
在方寸之间，开出一剂温柔药方
而生活，却青丝覆雪，俭朴为被
把胸腔揉碎，在冬夜，烧一把暖世的篝火

他掏出血，进行另一种方式的躬耕

不必披着白大褂，用一颗大爱的心肠
去铺就民族枯木逢春的风华
他有一个美丽的名字，叫志愿者

一个人披着朝阳舞蹈

一个人与川流不息的车辆，互道早安
如果哨子会唱歌，如果烈日是聚光灯
点亮夏日的清晨，如果尘埃是散粉，为你化妆
十年如一日的坚守，这风雨乱了昏黄

一颗心被烈日晒得发烫，雪花也变得温暖
那个人站在十字路口，身后是红旗染红了晚霞
整个露宿街头的街道，就有了秩序的希望
那座城，曾被一根茫然的绳索勒住了大街小巷
那座城，曾像一个走丢的孩子，流浪在三界之外
时间已到，鸣笛闹哄哄的日子
被一个披着朝阳的人整理出头绪

光芒拉长成一条大道，在他的手臂上
关于交通规则，一切事物都在复活
那个人，用爬过雪山的双脚，踢断匆忙
点一把火，带着温暖的光，带一壶汗水的波浪
即使在远方，也有撕开黑夜的力量
从此，这座城像一群人的胸怀，那样敞亮
那个人，像捂住火种，紧紧地攥着那面旗

一个灵魂炽热的人，披着晚霞坚守原地
他手提一桶汗水，折一枝杨柳
拂走城市天空的阴霾，吹一口气
融化上下班高峰期的急躁与慌乱
彼时，那个人就是一盏灯
手握光明，与无尽的夜色对抗
他深谙一座城骨子掩不住的脉搏
有着如江水一般跌宕起伏的波澜

在那些漫长而艰辛的日子里
总有一个人从不退缩，保持缄默
总有一个背影，像利剑出鞘
惊天动地，划破一座城市的阴暗

一群人是另一群的希望

在离住院部最近的山岗，一群人跨步前行
翻山越岭，只是为了缓解另一群人的乡愁
他们是志愿者，他们是麻风病休养员
他们在泥土之上，共撑一把雨伞

他们没有口号，爱，只剩下千里而来的陪绑
这段不被记录的历史，这些数不清的微笑
把一群人的孤寂与恐惧埋到泥土下
等待来年，一个灿烂的春天

在休养的日子里，他们与世隔绝

被喧闹的世界遗忘，被无数把眼睛里射出的刀刃
刺穿心跳，刺灭希望的灯盏
我看见他们埋着头，像是要把头埋进土里

直到他们到来，穿着太阳的橙红色衣裳
他们，一群非专业志愿者，却用一颗颗心
来拥抱那些在世界的角落里瑟瑟发抖的影子
他们，更像是一群悬壶济世多年的老中医
他们，撩开恐慌的假面，挑破歧视的脓血
为战栗的影子填补缺口，诊治关爱缺乏的病症
他们不问疼痛，只是一双手握住另一双手
在相扶前行的石阶上，撒下爱的微光

心有大爱，寒冬不冷
对于一个世界的温度，一群人的存在
还太小，还不足以挑起所有的苦难
而那群人，却将幸福的背影打入人心
将拥抱的细节镶嵌在太阳上

当黑夜褪色，当红日初升
那视线里还没有接触到的光
那在岁月里愈加耀眼的人
在拥抱里，有温暖人心的力量
如清风、如阳光、如掷地有声的汗

他们自带春风，长在骨子里的心肠
总是先于日出，唤醒一扇窗的明亮

爱之翼

韦兴生 

主人，今夜我一定要向你坦白
当一阵暖风吹过寒冷的山村
刮过我的身体和孩子的笑脸
我已经看到一颗种子在发芽
山里的小草开始挺直腰杆
一首诗从青春的足迹里低吼
抖动爱的翅膀，在一米阳光下
请允许我温柔地唤出她的真义

主人，请容许我这一次
用山村锃亮的黄泥巴
用诗歌缺钙但干净的韵脚
写下了青春的热爱与不悔
践行爱情的真谛，奉献的美
点燃时代黄金的火苗
让山村的眼睛亮起来
让大山的脊梁硬起来

主人，这是真正的守望与呵护
而不是年轮简单的涂鸦
这是生命真正的担当与付出
而不是青春草写的打油诗
这是大山真正的风景线
他们穿梭在山村的风雨里
他们穿行于诗行的最深处
他们不是天使，是爱羽翼下的力

主人，我要感谢我能扶起笔
写下这些凌乱而给力的断句
我不能让桃花在冬天里盛开
我只能站在腊月城头，叙述
并拥抱春天碧绿的苗头
相信爱，相信梦想，相信幸福
用青春朴实的现实主义
给生命一个美丽的定义

不就是一朵花嘛

罗帮振

不就是一朵花嘛，在乡村的
田野上，马路边，山沟里和小溪流
黄色的，蓝色的，粉红色的
各式各样的小花都有
就等着你，一把把地收割回去

不就是一朵花嘛，它们都长在一起
从来没有安分过，一会儿遥望星空
与天上下来的露水情话，一会儿
坐在马路边跟牛羊说，一年的收成

不就是一朵花嘛，它们都充满了野性
通通长在郃老三的房屋边，虽然
他是一个贫困户，还受伤断了一条腿
但一朵花还是富余的，他会硬气地塞给你

不就是一朵花嘛，村东头的山坡上
找不到，就在山风吹过林子的摇篮曲里
鼓楼里找不到，就在一群羊的身后
可在花店里，我一朵也买不到

就是那一片红叶

李逸飞

就是那一片红叶
红色燃烧过秋季
一飘飘零过海峡
在1949年台北凄清的冷雨中飘落
落在母亲的庭院里
红色在母亲银色的发丝间燃烧
像一团白色的火
在喧腾海潮的回响中升腾起明亮的颜色

就是那一片红叶
从江南的楼阁间匆匆飞过
有着乌黑大眼睛的女孩儿突然停下船橹
纤细的素手还来不及抓住
叶片就在盈盈水痕中潜向河岸的深处
从1921年浙江嘉兴南湖的画舫旁浮过
瘦的诗人轻轻从水中挽起用它写诗
巨大的诗行在叶脉中激撞
雾气蒙蒙的江面上

热切的吟诵声飘散震荡
太息般的光芒撞开雾障
江面上骤然响起了江野渔歌般嘹亮高远的回响

就是那一片红叶
在北国的风雪间呼啸着生长
拄着拐杖的年轻军人在汹涌的雪海间驻足凝望
风雪缓缓冰封住古铜色的脸庞
苍穹之上流泻出纷繁的烟火
红叶还来不及随风而起
冰冷的身躯躺在叶片里凝成一尊小小的塑像
在1936年陕北黄色的土地上迟迟降落
流泪的老大娘用干净的白羊肚手巾细细捡起
泪水摔碎在干枯的叶片中，砸成两行
小小的雕像浸润在苦涩的泪水里突然苏醒
团聚的欢呼声从平原上漫涌而来
老大娘含着泪微笑
那一尊小小的雕像正是儿子的模样

就是那一片红叶
在石头城浓云葬埋的暮色里低回旋转
穿着碎花袄的姐姐抱着妹妹藏在坍毁的废墟下
她们清秀的脸在浓夜里像红叶一般耀眼
还来不及用红叶装饰起瀑布般的秀发
一把沸腾灼热的炮火就烧透了城上空黯淡的月光
在1937年南京惊惧的瞳孔中沾染上浓稠的血
姐姐带着妹妹拼命地向城门口奔去

子弹呼啸着骤然惊碎了沉寂的红叶
鲜艳的碎花袄在风中撕裂成缠绵的烟絮
姐姐哭嚎着扑向突然安静的妹妹
红叶盖在身上像母亲亲手缝制的绣花被
姐姐像母亲抱着自己一样紧拥着妹妹
那张宁静的小脸
仿佛母亲离开的那天秋风微颤的晚秋暮光

就是那一片红叶
在海滨新城满街旋舞的群襟间摇曳游荡
摩登的女郎弹奏着吉他在立交下唱着外面的世界
烂漫的春潮在南下铁轨的行道上撞击出热切巨响
中年的归国者透过车窗再次凝望起南国的故乡
高耸的华厦像江水退潮时陡然屹立的彩色的船
船上载满了蓝色海洋文明启航的潮汛
在1992年深圳的海滩边扬起世纪的风帆
一位老人兴奋地呼吸着南海岸微咸的空气
挥手间
一道庞大的光圈在骤然矗立的高楼中闪烁
归国者在绵软的沙滩上望向辽阔的大海
童年时种下的橄榄树投下浓密的阴凉
他突然看到树干上少年时写下的歌谣还在不断生长
大海像妈妈一样，走遍天涯海角，总在我的身旁

就是那一片红叶
飞过北国，穿越南洋
飘落东海，落满西疆

在江南的冷雨中装饰过少女屠城血染的发
在塞北的寒雪间印刻下老兵长征凝重的梦
飘过南京的黄昏
飘过台北的白昼
飘过陕北的荒原
飘过深圳的海潮
飘过重庆暗洞里绣满布丁的红旗
飘过井冈铁岭上斩杀阎罗的刀口
飘过淮海平原里突围炮火的推车
飘过盛大广场前震响大地的铁骑
在每一个中国人所在的地方
处处飘落
一直落进你的心里
落在童年鲜亮悠长的红领巾里
落在青年军徽闪烁的银勋章里
在水乡长长短短的橹声中
停在古镇的庭院
最终落在母亲银白色的发丝里

就是那一片红叶
飘过离人的长亭
飘过瘦马的古道
飘过天之涯的曲
飘过海之角的歌
在你深秋的小楼前飘落
在我盛夏的池塘里飘落
你在窗前

你在想念
我在窗前
我在诉说
一片红叶是一段革命天涯的狂想曲
一片红叶是一首黄金时代的赞美歌

你的意义

赖晓庆

你若要为你的意义而欢喜
你就必须给这个世界以意义
没有华丽衣衫
也许你已无法描述他的容颜
但那是岁月留下的最美笑脸
太过平凡俭朴
也许你已记不清他的名字
但他们却是刻入时间中的风骨

在一点点磨炼中成绩斐然
没有鲜艳的光环也不轻言放弃
却用亮丽的旗帜画出最美的风景
没有豪言壮语也不苛求被记住
却用无言的大爱感动着河山
把无私奉献变成躬身实践
却缔造出时代最响亮的名字
——志愿者
有一分光就发一分热

在脚步踢踏声中追索
守护共同的诺言
你们不是山脉，尚没有山脉的巍峨
你们不是大海，尚没有大海的风波
伸出双手累积每一粒土坷
敞开胸怀接纳每一条小河
任凭旋涡暗礁布满人生之海
看浪花扑打着双肩
让生命之舟冲破悲哀

这个不太完美的世界
还有不会总是很灿烂的人生
你们践行了你们的意义
灵魂不会破裂残损
热血只会沸腾澎湃
激起我们的爱心
鼓动年轻的脉搏
希望中我们看到明天的阳光

若你问我志愿者的篇章
我会轻轻告诉你
它胜过我爱的诗意和远方
你若问我的意义何在
我想默默给你说
每一个笑脸就是我生命的印记

他的翅膀

——为福利院儿童而歌

杨玉倩

他
其貌不扬、沉默寡言
喜欢抬头看看那片
四方又阴沉的天

他
喜欢涂涂画画
四面墙、一扇窗
还有一双美丽的翅膀

他
喜欢躲在角落
期待着有那样一双
无与伦比的翅膀

光
照进他的心房
戴着小红帽的天使

想要给他一双翅膀

她
甜美的笑、温柔的话
抚平他心灵的创伤
给他的成长增添力量

哦
折翼的小天使
小红帽们会为你的飞翔
保驾护航!

永恒的微笑

——给一位志愿者

何　俊

我无法记清你的面容
也不知道你的姓名
更不知道你的年龄
但我读懂了你那含情的目光
和你做的那些不是小事的小事
还有你那躬曲的背影

哦，我那最可爱的人
是你用真情将老人搀扶
是你用爱心给幼儿笑脸
是你用心血送弱者温暖
是你用责任把失足者唤醒

我只知道
在你的眼里浸泡的是挚爱
那是一泓至爱的清泉
那是一扇心灵的门窗
那是一团燃烧的火焰

都说你平平凡凡
都说你脚步匆匆
都说你的名字叫奉献

你在志愿者流动的家里
守护着你的艰辛与付出
眼神里流淌的是希望和收获
那是一种价值的体现
那是一种人生的追求
那是一种平凡的高尚
哦，我看见了
你的目光在这里如此亲切
你情感的桥梁在这里牢牢地架成

啊，让我从心底说一声“谢谢”
一辈子忘不了你含情的目光
啊，让我默默道一声“保重”
一辈子忘不了你匆匆的身影
就让我回敬你一个最真诚的微笑
因为微笑用不着翻译
它会在我心中长出杨柳依依
哦，你的微笑是一幅画
它会在我身边开放鲜花朵朵

由心底结出一朵志愿之花

王书睿

总有一个人或一群人
足迹遍布天南海北，脸上洋溢着笑容
我也是其中一员，我们各自的名字并不为人所知
但是我们有着一个统一的名字——志愿者

从四面八方而来，只为了同一个梦想
为这不完美的世界添砖加瓦
我们或许很远很远，或许近在咫尺
如同每个人的影子一般，如影随形
不要怀疑，只要有需要，我们总会出现在任何人身边

学会相信心手相连，学会相信大爱无疆
因为有了一颗无私奉献的心，坚如磐石
我们温暖着走过的每一片土地
责任使然，我们当然会选择伸出双手
站稳身体，志愿者的口号足以淹没大地
我要和你在一起，无论狂风暴雨
用真心真意让我走进你的心里

将情感深深埋下，由心底缓缓结出一朵志愿之花
志愿者，用歌声收集散落的爱意

只有太阳，才可以公平地照耀大地
只有河流，才可以与每一粒土壤相拥
只有志愿者，才可以将爱播撒四方
在日新月异的蓝图上描绘幸福的明天

聚是一团火，散是满天星
满天星辰有规律地布满天空
每一颗都有独特的属性：支教、医疗、环保
献血、动物保护、城市建设、大型赛事……
特定的时候，汇聚一体
庞大的力量，以点对面
利用针孔的尖锐之势
刺破无形的黑暗，保持着一份永恒的光明

志愿者的手印出现在悬崖峭壁
志愿者的脚步翻越千山万水
奉献、友爱、互助、进步，是毕生的追求
促使着越来越多的人融入火焰当中
星星之火可以燎原，无偿奉献可以滴水成河

光荣啊，我是一名志愿者
正能量，是我们夜以继日传递的信息
用热情的歌声唱出我们心中善良的情
这首歌没有歌词，只有和谐的音调与响彻云霄的呐喊

志愿者，约定平淡的真谛

每一个志愿者，每一次志愿活动
都无需声势浩大的场面
只要能够默默付出就好
一张笑脸，一声“谢谢”，都是最好的回报

志愿者都不是温室里的花朵
竭尽全力去争奇斗艳
我们更像是路旁成群结队的野花
平淡却并不平凡
不管是花朵还是枝干，都充斥着美的内涵

志愿者的出现，总能使剧情进入高潮
除了欢呼和掌声的鼓励
千万不能忘记，沿途的苦难与艰辛
在一场情真意切的演绎当中
穿越时光的身影，让我明白
远方的你，应该也在观看这场戏剧

春生夏长，秋收冬藏，时间的长河奔流不息
志愿者静静聆听着河水的流逝之声
每一滴飞扬而起的水珠，都携带了无尽的故事
光影浮动，每一个志愿者都能够读出其中期盼的表情